왜 우리는
가짜
뉴스에
더 끌릴까

일러두기 본문의 모든 각주는 편집자 주이다.

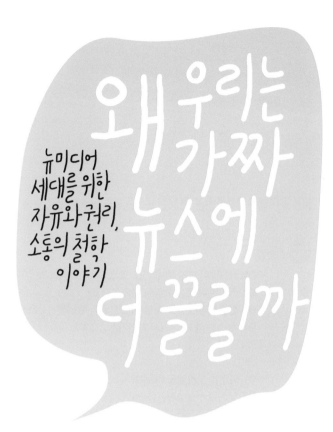

왜 우리는 가짜 뉴스에 더 끌릴까

뉴미디어
세대를 위한
자유와 권리,
소통의 철학
이야기

외르크 베르나르디 Jörg Bernardy 지음 | 이미옥 옮김

시공사

차례

더 많은 자유와 권리, 더 나은 세상을 위한 질문과 대답

세상을 둘러보면 마치 완전히 미쳐 돌아가는 듯하다. 한편에서는 전쟁, 바닷물에 익사 당하는 난민들, 기후 변화, 미쳐 날뛰는 독재자, 권력 편에 선 포퓰리스트와 인종차별주의자가 있다. 반대편에는 전에 없던 부와 기술 진보가 펼쳐진다. 이곳에서 정체는 생각조차 할 수 없다.

혹시 세상이 아닌 사람이 미쳐가는 건 아닐까? 전쟁을 일으키는 사람들, 전쟁 난민을 바닷물에 빠져 죽게 만드는 사람들, 이산화탄소를 대량 배출하는 사람들, 정치권력을 남용하는 사람들 말이다. 더불어 흥분해서 날뛰는 독재자, 포퓰리스트와 인종차별주의자를 찬양하는 사람들 말이다.

인간, 사회의 어두운 이면을 파헤쳐보자

우리 모두는 종종 거짓말하고, 선동하고, 조롱하고, 혐오하고, 조작한다. 누군가가 나와 다른 의견을 내세우면 공격받는다고 느낀다. 어떤 사람은 자기주장이 너무 강해서 토론 자체가 불가능할 정도다.

이 책은 이처럼 인간과 사회의 어두운 이면을 다룬다. 이러한 어두운 면의 확실한 정체와 발생 과정을 이해할 수 있어야 우리는 어두운 면에 보다 더 잘 대처할 수 있다. 자신뿐만 아니라 타인의 어두운 면에 대해서도 마찬가지다. 말하자면, 우리가 어떤 것을 알고 이해할 때에야 비로소 우리는 그것이 우리와 미래에 해악이 되지 않을 만반의 준비를 할 수 있는 것이다.

> 우리는 유쾌하고 열린 자세로 자기 의견을 내는 사람들을 존중한다. 다만 그들의 의견이 우리와 같을 때만.
> - 마크 트웨인

많은 질문과 답변, 사고 실험을 시도해 보자

이 책은 수많은 질문을 던진다. 거짓말이 정신 발달에 필요하다고? 표현의 자유가 없으면 안 되나? 누구나 도발할 수 있는가? 언제부터 독일인이 히틀러를 조롱할 수 있었나? 정치적 혐오란 무엇인가? 감시 국가에서 살고 싶은가? 왜 우리는 가짜 뉴스에 빠질까? 등등.

이들 질문에 여러 답변과 다양한 입장, 관점이 있을 수 있다. 그렇지만 여러 답변이 완벽하지 않을 수 있고, 모호할 수도 있기 때문에 보다 구체적으로 질문하는 사고 실험이 뒤따른다. 이 질문들은 당연히 독자에게 묻는 것이고, 독자 자신이 답해야 한다. 물론 독자들이 모든 질문에 즉각 대답할 수 있다고 생각지 않는다. 중요한 것은 독자들이 좀 더 깊이 생각할 시간을 갖는다는 데 있다. 더 나아가 개인적으로 관심이 가는 주제가 무엇이고, 그것에 대해 독자가 어떤 의견을 펼치고 싶은지를 알아내는 일이 중요하다.

함께 고민하며 나아가자

이 책 마지막 장에는 저항과 사회 참여를 다룬다. 여기서 독자들은 다음과 같은 질문에 어떤 의견을 내놓을 수 있을지 생각해 봐야 할 것이다. '우리 사회가 원하는 평등은 어느 정도의 수준일까?', '투표권 연령을 16세로 낮춰야 할까?', '환경 보호를 위해 우리는 어떤 일을 할 수 있을까?', '일상에서 어디까지 감시를 허용해야 할까?'

마지막으로 덧붙이자면, 모든 것을 일시에 바꾸는 일은 불가능하다. 하지만 우리는 최악의 상황을 막을 수는 있다. 그래서 누구든지 자문해 봐야 한다. '나는 어떤 미래를 꿈꾸는가?', '나는 무엇을 향해 나아가고 싶은가?', '나는 어떤 사회에서 살고 싶은가?'

이에 대한 답변은 언제나 그렇듯 단순하지 않다. 이들 문제를 실현해 나가는 일은 더더욱 어렵다. 그렇지만 어두운 이면을 들추는 이 책에서 필요한 자세는 요기 티(Yogi Tea) 상표에 쓰인 문구처럼 단순하다.

"어둠에 대해 불평하기보다는 불을 밝혀라."

1

거짓말

01. 거짓말이 인간적이라고?

"내일이면 산타클로스 할아버지가 온다!" 나이가 들면 이 말이 하얀 거짓말이라는 사실을 누구나 알게 된다. 그런데도 이 말이 주는 환상은 예나 지금이나 수많은 아이들 사이에 생생하게 살아 있다. 대부분 아이들에게 성탄절은 연중 가장 설레고 흥분되는 명절이다. 가족 모두가 한자리에 모이고, 맛있는 음식을 즐기고, 선물을 나누는 날이기 때문이다. 아이들은 으레 성탄절을 좋아할 수밖에 없다.

까놓고 말하면 성탄절과 아기 예수 이야기는 진실이 아니다. 안 그런가? 결국 수많은 부모들은 자녀에게 산타클로스와 부활절 토끼*가

진짜 있다고 말할 때마다 거짓말을 하는 셈이다. 이른바 선의의 거짓말이다. 나쁜 의도로 하는 거짓말이 아닐뿐더러 아이들도 커서는 부모를 거짓말쟁이로 생각지 않는다.

일상에서는 어떤가. 어느 누구도 거짓말을 좋아라 하는 사람은 없다. 그런데도 모든 사람들은 하루에 수차례 거짓말을 한다. 위급한 상황이나 성탄절 거짓말 같은 예외적인 상황에서만 거짓말을 한다고 해

---

*부활절 전날 밤 토끼가 바구니에 달걀 모양의 초콜릿, 사탕, 장난감 등을 담아 아이들에게 전해준다는 독일 민담.

도 말이다. 또한 사람들은 일반적으로 아무런 이유 없이 거짓말을 하지는 않는다. 대부분 인사치레로, 수치심을 모면하기 위해, 위급한 상황에서, 자기방어를 위해, 불안정이나 불안을 피하기 위해 거짓말을 한다. 이외에도 거짓말을 하는 이유는 많이 있다. 그렇더라도 밥 먹듯이 거짓말하는 사람이 되고 싶은 사람은 아무도 없다.

그럼에도 거짓말은 왜 하는 것일까? 그건 자기 자신에게 이익을 가져다주기 때문이다. 정치권과 경제계에서 거짓말이 난무하는 이유는 힘, 권력을 좇는 탐욕 때문이다. 분란을 일으킬 목적으로 거짓말을 하는 사람도 있다. 예를 들어, 미국 정치가 도널드 트럼프와 영국 정치가 보리스 존슨은 자신들이 언제 거짓말을 해야 하는지, 이를 위해 어떤 일을 책동해야 하는지 잘 알고 있다. 여기서 중요한 점은 자신의 거짓말을 다른 사람들에게 굳이 설득시킬 필요가 없다는 것이다. 그저 다른 사람들이 사실을 의심할 때까지 거짓말을 반복하기만 하면 된다. 그리고 어느 누구도 무엇이 사실이고 무엇이 거짓인지 구별할 수 없을 지경이 되면, 거짓말을 했다는 그 자체도 더 이상 문제가 되지 않는다. 그러면 바라던 분란이 일어나고 자신의 목표와 이익을 위해 계속 싸워 나갈 수 있게 된다. 정치가가 거짓말을 하는 첫 번째 이유는 바로 권력을 얻기 위해 조작이 필요하고, 기득 권력에 대항하기 위해서다. 정적을 무력화시키려는 의도도 품고 있다.(4장 '혐오', 5장 '조작' 참고)

일반적으로 사람들은 거짓말을 좋게 생각하지 않는다. 일상생활에서는 말할 것도 없다. 거짓말이 들통난 사람은 이기적이고, 파렴치하고, 자기밖에 모르고, 신뢰할수 없는 사람으로 여겨진다. 간단히 말해 거짓말을 많이 하는 사람은 다른 사람에게 호감을 살 수 없다. 그런데 거짓말을 잘하고 허풍 치는 사람은 남들에게 잘 들키지 않는다. 거짓말쟁이들은 부도덕하게 행동하고 타인의 신뢰를 갖고 놀기 때문이다. 만약 모든 사람이 끊임없이 거짓말을 한다면, 어느 누구도 더 이상 믿을 수 없게 될 것이다. 그렇게 될 경우 개인 관계뿐만 아니라 정치 행위마저 불가능하게 된다. 상대방이 진실을 말하는지, 거짓을 꾸며대는 것인지 결코 알 수 없다면, 계약과 협정이 어떻게 체결될 수 있단 말인가? 신뢰가 없는 곳에서 어떻게 사회적 관계를 쌓아갈 수 있단 말인가?

사고 실험

세상을 바꾼 거짓말들

01. 교황의 권력은 거짓말에서 시작되었다. '콘스탄티누스 기진장'이라 알려진 위조문서에 따르면, 로마 제국의 황제 콘스탄티누스 대제가 이탈리아, 로마, 그리고 서로마 제국의 통치권을 가톨릭교회에 넘겼다고 한다.

02. 시온 의정서: 세계 정복을 꾀한 유대인들이 1903년에 작성했다는 문서. 이 문서는 위조된 것이었고, 유대인 모임 자체가 열리지도 않았음이 밝혀졌다. 그럼에도 시온 의정서의 거짓 내용은 세상에 계속 살아남아 오늘날까지도 반유대주의와 유대인 혐오는 사그라지지 않고 있다.

03. "베를린 장벽을 세울 계획은 없다!" 구동독 국가 원수 발터 울브리히트는 1961년 6월 15일 기자 회견에서 이렇게 말했다. 하지만 불과 두 달 뒤에 베를린 장벽이 건설되었고, 1989년에서야 비로소 장벽이 무너졌다!

04. 희생자를 가해자인 양 덮어씌우기: 1939년 아돌프 히틀러는 폴란드가 독일을 침공했다고 주장했다. 당연히 허구였다. 히틀러의 속셈은 무엇이었을까? 그것은 불법으로 자행한 폴란드 침공과 앞으로 있을 유럽 침공을 공개적으로 정당화하기 위해서였다.

05. 전쟁 명분을 위한 두 거짓말: 미국 국무장관 콜린 파월은 2003년 유엔에서 이라크 독재자 사담 후세인이 9·11 테러와 불법 생화학 무기를 소유한 데에 책임을 져야 한다고 주장했다. 훗날 그 주장은 하나도 증명되지 않았다. 그럼에도 두 개의 거짓말은 아프가니스탄, 이라크 침공을 위한 명분이 되었다.

이처럼 세상을 바꾼 크고 작은 거짓말을 알고 있는지 역사 선생님, 부모님 그리고 친구들에게 물어보라!

위의 이야기처럼 또는 이와 비슷하게, 거짓말에 대해 논할 수 있을 것 같다. 거짓말을 가장 극단적으로 비판한 사람은 아마도 철학자 이마누엘 칸트일 것이다. 칸트에 따르면, 모든 사람은 타인에게 명망 있고 진실하게 행동하라고 요구할 권리가 있다. 칸트의 입장에서는 위급한 상황에서 어쩔 수 없이 튀어 나온 거짓말이라도 정당화될 수 없다. 살인자가 쫓는 피해자를 보호하지 않고 숨은 장소를 말해도 괜찮을까? 사람들은 대부분 단호하게 '그럴 수 없다!'라고 답할 것이다. 살인자가 당신을 죽이겠다고 협박할 경우, 당신은 목숨을 부지하기 위해서라면 피해자가 숨은 장소를 말할 수밖에 없을지도 모른다. 하지만 일반적으로 사람들은 피해자를 보호하기 위해 거짓말을 할 것이다. 그렇지 않을까?

하지만 칸트는 다른 견해를 갖고 있다. 그에게 진실의 원칙은 개인의 가치보다 우선한다. 칸트의 관념론적 윤리관에서는 모든 인간이 정직해야 한다. 설령 나의 정직 때문에 다른 사람들이 매 순간 손해를 입을지라도 말이다. 왜냐하면 거짓말을 하는 사람은 타인의 신뢰를 기만할 뿐만 아니라 자신의 윤리적 의무도 저버리는 것이기 때문이다. 칸트는 이런 의무와 관련하여 '정언명령'이라는 개념을 만들어냈다. "네 의지의 원칙이 언제나 동시에 보편적 입법의 원리가 될 수 있도록 행동하라." 이게 무슨 뜻인가? 자신이 따르는 원칙이 타인에게도 똑같이 적용될 수 있는 보편적인 원칙이 되도록 행동하라는 의미다. 그래서 칸트의 관념 세계에서는 모든 사람이 행동하기 전에 잠시 고민해야 한다. 칸트에 따르면, 행동하기 전에 스스로에게 물어봐야 한다. '내가 바라는 것은 모든 사람이 보편적인 원칙에 따라 행동하는 것인가?' 아니면 '나는 모두가 언제든지 거짓말하기를 바라는가?'

02. 거짓말이 정신 발달에 필요하다고?

칸트의 정언명령은 왜 현실의 벽을 넘지 못했을까? 어째서 사람들은 앞으로도 거짓말을 멈출 생각이 없는 걸까? 거기엔 이유가 있다. 칸트의 눈에는 도덕규범을 위반하는 행위로 보였던 일이 현실에서는 거의 정상으로 여겨지기 때문이다. 거의 대부분 사람들은 평균적으로 하루에 몇 번씩 거짓말을 한다. 심지어 어떤 연구자들은 거짓말이 습득할 수 있는 능력이라고 주장하기도 한다. 그것도 누구나 똑같은 수준으로 익힐 수 있는 능력이 아니라고 말한다. 일찍 배울수록 능력 개발이 더 잘 되듯이, 2~3세부터 거짓말을 시작하고 상황을 조작하는 법을 배우는 아이들에게 거짓말은 정신 발달에 필요하다고 말한다. 이런 주장들의 근거는 거짓말하기 위해서는 타인의 입장이 되어봐야 하기 때문이고, 거짓말을 능숙하게 하려면 지능과 더불어 공감 능력과 상상력이 필요하기 때문이다. 미친 소리로 들리겠지만, 거짓말하지 못하는 사람은 거짓말하는 사람보다 타인의 마음을 읽는 데 서툴고, 심지어 자신이 속고 있다는 사실조차 깨닫지 못한다. 또 거짓말에는 탐구력도 필요하다. 먼저 자신이 왜 거짓말을 하는지 이해해야 한다. 그래야 비로소 다른 사람이 거짓말을 왜 하는지, 그리고 언제 하는지를 잘 파악할 수 있다. 사람들 대부분은 세상을 바꿀 만한 엄청난 거짓말은 하지 않는다. 그저 누군가가 '잘 지내?' 하고 물으면, 비록 별로 좋지 않더라도 '응, 잘 지내'라고 답하는 것처럼 사소한 거짓말을 한다. 이는 전형적인 일상의 거짓말이다. 자연스럽게 삶에 스며든 습관이 되어버린 거짓말인 것이다. 이뿐만 아니라 익숙해서, 편리해서, 인사치레로, 불안해서 등등 어느 정도는 '타당한' 이유로 빈번하게 거짓말들을 한다.

우리의 어린 시절을 돌이켜보자. 어린이집과 초등학교에서 그린 그림이 그다지 훌륭하지 않았는데도 매우 잘 그렸다고 칭찬받은 경험이 있을 것이다. 이런 칭찬을 얼마나 자주 들었는가? 물론 '훌륭하다', '아름답다'라는 평가는 사람마다 다를 수 있다. 그렇더라도 어떤 경우에는 상대에게 상처를 주지 않으려고 흔히 거짓말을 하곤 한다. 이처럼 일상에서 하는 선의의 거짓말을 '하얀 거짓말'이라고 부른다. 하얀 거짓말은 불편한 상황을 피하고 다른 사람에게(자기 자신에게도!) 좋은 인상을 주기 위해, 또 편리해서 자주 사용된다. 예를 들어, 친구가 새로 산 풀오버가 마음에 들지 않아도 곧이곧대로 말하지 않는다. 친구의 짧게 자른 머리보다 예전의 긴 머리가 더 좋아 보였어도 진심을 말하지 않는다.

곧이곧대로 말한다고 해서 바뀔 것이 전혀 없다면, 사실 그대로 말하지 않는 게 좋을 때가 종종 있다. 둘러대는 거짓말, 또는 예의상 하는 거짓말은 상대방에게 상처 주고 싶지 않은 순간에 적절하게 쓰일 수 있다. 친구가 사귀는 새 애인이 설령 그렇게 보이지 않더라도 '훈남'이라고 예의상 말하거나, 참석할 마음이 없거나 중요한 선약이 있어 가지 못하는데도 몸이 아파서 생일 파티에 갈 수 없다고 친구에게 거짓말하기도 한다. 이처럼 예의상 하는 거짓말은 난감한 상황을 모면하기 위해 속마음을 숨기는 방법이기도 하다.

물론 거짓말을 하는 건 매우 피곤한 일이다. 자신의 도덕심을 옆으로 살짝 밀어놓아야 하고, 양심의 가책과 죄책감을 느껴야 하며, 자존감이 떨어지는 것도 감수해야 한다. 이런 경우는 특히 친밀한 관계에서 자주 일어난다. 이들 관계가 신뢰에 기초하기 때문이다. 예를 들어, 자신의 배우자를 속이고 바람을 폈다면, 아마도 나중에 죄책감을 느낄 가능성이 높다. 외도를 후회하는 경우에는 예전처럼 배우자와 앞으로도 함께하고 싶을 것이다. 여기에 딜레마가 있다. 배우자에게 외도 사실을 고백해야 할까? 아니면 거짓말을 해서 배우자를 보호해야 할까? 중요한 논점은 자신의 과오를 왜 실토해야 하는가이다. 양심의 가책을 덜 느끼기 위해 과오를 털어놓아야 할까? 그러고 나서 배우자가 고통스러워하는 모습을 감내해야 할까? 아니면 배우자가 아무것도 모른 채 잘 지낼 수 있도록, 자신의 과오 때문에 배우자가 괴로워하지 않도록 침묵해야 할까?

거짓말이 복잡해질수록 자신의 거짓된 이야기가 설득력이 있는지, 논리적으로 맞는지 수없이 고민해야 한다. 거짓의 짜임새를 갖추려면 감정까지도 진짜인 것처럼 만들어 믿게 해야 한다. 이야기의 내용을 뒤바꿔서는 안 되고, 자기가 한 거짓말도 제대로 기억하고 있어야 한다. 거짓말이 설득력을 갖추려면 큰 노력이 필요하다. 문득 불안감이 들기도 한다. '결국 거짓말이 뽀록나는 건 아닐까?' 누군가가 폭로할 수도 있기 때문이다. 자신의 거짓말이 들통나는 매우 기분 나쁜 상상이 자주 들기도 한다. 그래서 진실을 말하기보다 거짓말을 하는 것이 더 곤혹스러운 일이 될지, 거짓말을 하기 전에 신중히 생각해 봐야 한다. 비록 거짓말이 정신 발달에 필요한 능력일지라도, 거짓말을 하기 전에는 반드시 고려해야 한다. '지금 이 순간에 거짓말하는 것이 잘하는 일일까? 나는 거짓을 꾸며대는 일을 정신적으로 감당할 수 있을까?'

이야기는 왜 자꾸 만들어질까?

- 오락을 위해: 소설, 영화, 시리즈
- 상품을 팔기 위해: 광고, PR, 스토리텔링
- 선한 일을 위해: 홀로코스트 전기
- 도덕 가치를 정당화하기 위해: 성서, 코란, 기본법
- 경력을 쌓기 위해: 이력서, 자격증명서, 박사학위 논문
- 아이들이 전혀 이해할 수 없는 결과에 직면하지 않도록 하기 위해: 잔혹한 전쟁, 범죄, 재앙, 가까운 친척들의 사망
- 뉴스의 신뢰성을 높이기 위해(예로 렐로티우스 사건*)

나는 어떤 이유로 거짓말을 하나?

- 다른 사람에게 상처 주고 싶지 않아서
- 자신이 몸담고 있는 조직에서 계속 살아남으려고
- 자신 또는 남을 보호하기 위해
- 과시하기 위해
- 불필요한 주목을 피하려고
- 안정감을 갖기 위해
- 수치심을 감추기 위해
- 자신을 앞세우기 위해
- 영향력을 얻으려고
- 타인에게 동정받기 위해
- 내게 이익이 되니까
- 난처한 상황을 모면하기 위해

---

*2018년 12월 독일 잡지 〈슈피겔〉은 클라스 렐로티우스(Claas Relotius) 기자가 쓴 분쟁 지역 기사들이 전부 가짜였다며 자사의 과오를 발표했다. 이는 동료 기자 후안 모레노(Juan Moreno)가 폭로하면서 밝혀졌다.

목적이 수단을 정당화할 수 있을까?

01. 당신은 비행기를 격추하라는 명령을 받았다. 두 비행기 중 하나를 선택해야 한다. 한 비행기에는 죄수 100명이 탑승했고, 다른 비행기에는 저명한 과학자 8명이 탑승했다. 추락 이후 정부와 언론은 비행기에 기술적 오류가 있었다고 발표하기로 모의했다. 당신은 누구에게도 사망 책임을 추궁당하지 않을 것이다.

당신이라면 어떤 비행기를 격추하겠는가? 그런 결정을 한 이유는 무엇인가?

02. 누군가가 어떤 중요한 주제에 대한 대중의 관심을 높이기 위해 강제 수용소의 죄수 이야기를 지어내 실제 전기인 것처럼 판매하려 한다.

거짓말이 좋은 목적에 사용된다면, 이야기를 거짓으로 꾸며도 괜찮은가?
거짓말이 좋은 일에 쓰이다면, 거짓말이 미냥 나쁜 것만은 아니지 않을까?
홀로코스트에 관한 픽션이 생존자들에게 모욕감을 줄 수도 있지 않을까?
거짓 보도가 나중에 발각되면 보도의 신뢰성에 타격을 주지 않을까?

03. 언론이 거짓말을 퍼트린다고? # 가짜 언론

2014년 독일에서 선정된 올해 최악의 단어*는 '가짜 언론**'이다. '가짜 언론'이란 게 정말로 있을까? 아니면 꾸며낸 말인가? 이 '가짜 언론'은 2014년 여러 시위와 페기다*** 집회에서 구호로 등장했다. 만약 '가짜 언론'이 거짓말하는 언론이란 뜻이라면 크게 틀린 말은 아니다. 신문이나 언론인이 종종 거짓말하는 사례가 있지 않은가. 하지만 거리에서 구호로 등장한 '가짜 언론'은 종종 거짓말하는 언론과는 거리가 멀다.

트럼프가 비난하는 '가짜 언론'이 정말 '가짜 언론'일까?

거리의 구호로 내걸린 '가짜 언론'은 언론사의 '윗선'이 여론을 조직적으로 조작하고 자기 이익을 위해 '대중'을 속이는 언론을 가리킨다. 페기다 집회에서는 '매국노', '메르켈은 물러나라' 등의 구호도 있었지만, '가짜 언론'만큼 힘을 발휘하지 못했다. '가짜 언론' 구호는 사람들을 선동하고 결집시키는 힘이 있어, '우리는 반대한다!'고 외치는 추종 세력까지 끌어들이고 있다. 이와 비슷한 맥락으로 도널드 트럼프는 언론 매체를 향해 '가짜 뉴스 미디어(fake news media)'라고 비난했다. 그런데 국가 정치 엘리트 집단의 정점에 있는 대통령이 언론 매체 종사자들을 무례하게 공격하

---

*독일에서는 매년 최고의 이슈가 된 사건이나 의미를 지닌 '올해의 단어'와 비하·비판의 의미를 지닌 '최악의 단어'가 발표된다.

**'가짜 언론'이라는 말은 1920년대에 나치당이 자신들에 맞서는 언론을 칭하는 용어로 처음 사용했다. 현재는 가짜 뉴스를 보도하는 언론을 이렇게 칭한다.

***Pegida(Patriotische Europäer Gegen die Islamisierung Des Abendlandes, 서구의 이슬람화에 반대하는 애국 유럽)는 2014년 10월 독일 드레스덴에서 결성된 극우 단체로, 반이슬람주의를 앞세우며 난민 유입을 반대한다.

고 가짜 언론이라고 비난하는 것은 매우 이례적이다.

'가짜 언론'은 언론에 대한 통상적인 비판이 아니다. 전체를 뭉뚱그려 매도하는 비난과 정치적 목적이 결합되어 있다. 뭉뚱그려 매도하는 비난이란 신문사뿐만 아니라 라디오 방송사, 텔레비전 방송국 등 언론 매체 전체를 가짜라고 치부해 버리는 것이다. 가짜 언론이라는 용어 뒤에 숨겨진 의미는 그리 단순하지 않으며, 이 용어 때문에 각 언론 매체가 지니는 고유한 특성이 간단히 무시된다. '가짜 언론'이라는 용어는 매우 정치적이다. 왜냐하면 '가짜 언론' 유포자들은 모든 언론 매체가 공모하고 있다는 자신들의 믿음에 만족하지 않고, 거리로 나가 정치판에 영향을 끼치고 있기 때문이다. 어떤 이는 언론 매체를 맹비난하다가 이내 정치 활동을 위해 태세를 전환한다. 이들은 기존 뉴스 매체의 보도를 더는 믿지 않고 자신들이 믿는 '진실'을 밝히기 위해 '선택적으로' 정보를 골라 취합한다.(4장 '혐오', 5장 '조작' 참고)

'시스템 미디어', '주류 언론', '국영 방송', '매수된 언론인'과 같은 용어들도 '가짜 언론'과 같은 맥락으로 사용되면서, 언론 매체를 더는 신뢰할 수 없다는 주장에 힘을 실어주고 있다. 이뿐만 아니라 언론이 거짓말을 한다는 두 가지 이유도 확산되고 있다. 하나는 주요 언론 매체들이 정치에 통제받고 있다는 것이다. 예를 들어, 어떤 사람들은 주장하기를, 독일 수

'가짜 언론'이라는 프레임 속에서 언급되지 않는 사실

- 전체가 아닌 개별 언론사가 종종 속는다.
- 신문사, 방송사도 종종 실수하고 오류를 범한다.
- 신문사, 방송사는 무의식적으로, 또는 매우 드물게 의도적으로 거짓말을 유포한다.

상이 언론 보도를 통제한다고 말한다. 다른 하나는 기자들이 영리 기업들의 재정 지원을 받으며 기업에 유리하도록 편파 보도를 한다는 것이다. 이런 경우 언론 매체는 민주주의 사회에서 중요한 언론의 자유를 박탈당하는 것이다. 언론이 정치가들로부터 조종되거나 기업가들에게 매수되는 것이기 때문이다. 그런데 이를 곧이곧대로 믿고서 다음과 같이 비난한다. '언론 매체가 거짓 뉴스를 만들어내고 특정 정치 집단의 의견을 선호한다.'

독일에서는 2014년부터 기존 언론을 '가짜 언론'이라고 비난하는 물결이 다시 거세게 일었다. 페기다 집회에서, 독일 전 수상 메르켈에 반대하는 시위에서, 극우 독일대안당(AfD) 시위대에서 가짜 언론이라는 용어가 다시 유행하기 시작했다. 시위대가 가짜 언론을 외쳤고, 이 용어가 쓰인 플래카드가 휘날렸다. 그리 새로운 것은 아니지만, '가짜 언론'은 오늘날 우파가 선호하는 용어로 떠오르고 있다. 정치적 논쟁을 살펴보면, 이 용어는 적어도 2015년 독일 연방의회에서 등장했다는 것을 알 수 있다. 원래 '가짜 언론'은 미디어에서 드러난 현상이다. 이 용어는 시위대가 정치적 구호나 투쟁 용어로 사용했지만, 미디어에 자주 등장하고, 보도되고, 공유되었다. 그러면서 2015년부터 2019년까지 독일 연방의회의 실제 의정 활동에서 이 용어의 사용 빈도수가 약간 증가했다. 하지만 이 용어의 영향력은 지금까지 그리 크지 않다. '가짜 언론'이 거리에서는 공개적으로 울려 퍼지고 있지만, 정작 연방의회에서는 중요한 주제로 다뤄지지 않는다. 그런데도 독일대안당과 당대표 비외른 회케는 언론에 적대적인 자세와 불신을 고수할 것임을 분명히 밝혔다.

무엇보다 '시스템 미디어'라는 용어가 자주 사람들 입에 오르내리고 있다. 언론 매체가 계속 거짓말을 확산시켜 기존 시스템을 적극적이고도 편파적으로 떠받치고 있다고 의심한다. 물론 이 의심을 증명할 만한 증거는 현재까지 밝혀지지 않았다. 그렇지만 이 추정은 뇌리에서 떠나지 않고 '뭔가가 있을 것'이라는 의혹만 계속 남아 있다. 이는 불평분자들이 자주 이용하는 전략이다. 그들은 자신의 정치적 메시지와 주제가 사람들 뇌리에 박히도록 최대한 반복한다. 이들 전략이 종종 먹혀들어 위에 언급된 주제와 여러 사실들이 쉽사리 왜곡, 조작된다.(가짜 뉴스와 선택적인 사실만을 골라 취하는 문제는 5장 '조작' 참고)

04. 뉴스는 왜 늘 거기서 거긴가?

가짜 언론에 대한 또 다른 비판이 확산되고 있다. "대부분의 신문사가 비슷한 내용을 보도한다. 뭔가 이상하지 않은가! 틀림없이 신문사들이 서로 공모하고 있는 거야! 아니면 적어도 결탁하여 다른 의견을 배제하고 있는 거겠지."

'가짜 언론'을 부르짖는 사람들은 뉴스의 획일화를 비판한다. 이것이 의미하는 바는 대표적인 언론사들이 통일된 의견을 가지고 있다는 것이다. 이것 또한 증명할 수 없는 뭉뚱그려진 비판이다. 이 비판의 밑바닥에 깔려 있는 주장들은 확실히 동의가 안 된다. 독일 언론과 미디어 환경을 살펴보면, 실로 엄청나게 다양한 매체들이 있다는 사실에 놀라게 된다. 수준 높은 매체가 있는 반면 황색 언론도 있으며, 이 양 극단 사이에는 매우 다양한 언론사와 정보 방송 채널이 존재한다. 폭넓은 스펙트럼에는 좌파, 우파, 자유주의 등 다양한 의견을 가진 매체들이 포진해 있다.

기자는 기본법과 기본권을 의무적으로 준수해야 한다. 이 때문에 특정 주제에 관해 서로 비슷한 의견을 가질 수는 있다. 그러면 그들의 비슷한 의견에 오류나 위선이 있을 수 있나?

'획일화'라는 안경을 쓰고 뉴스와 사건 보도를 바라본다면, 그 안에서 수준 높은 특징도 찾아볼 수 있어야 한다. 여러 사건에 대해 대부분의 신문사와 언론 매체가 유사하게 보도하고 있다면, 이들이 비슷한 기준에 따라 일하고, 동일한 규칙을 준수하고 있다는 의미다. 이는 정확히 현대 저널리즘의 특성, 즉 모든 기자는 보도 기준을 지키고 수준 높은 보도를 해야 한다는 것을 잘 보여준다. 구체적으로 말하면, 모든 기자는 매우 엄격하게 일반 보도 규정을 준수해야 한다. 이들 규정을 담은 '언론인을 위한 강령'은 1973년에 만들어져 지금까지 이어오고 있다. 이 강령에는 윤리 조항이 있다. 기자는 사실에 근거하고 중립성을 지켜 보도해야 한다. 출처를 밝히고 균형 잡힌 의견을 제시해야 한다. 또한 공공의 이익을 최우선시해야 한다.(수준 높은 언론사와 황색 언론 사이에는 엄연한 차이가 존재한다. 중립을 지키는 기자도 있고, 감정적으로 또는 강경하게 보도하는 기자도 있다. 여기서 중요한 기준은 기자가 공공의 이익을 우선했느냐, 또는 기본법을 위반했느냐 여부다.)

언론 보도가 비슷한 또 다른 근거는 기자의 성장 과정과 가치관 때문일 수도 있다. 많은 기자가 대학에서 공부하고 인턴 과정에서 유사한 경험을 한다. 그들은 서로 비슷한 지식과 교양을 갖고 있다. 더 나아가 만약 그들이 서로 유사한 가치관을 공유하고 있다면, 그들이 서로 비슷한 도덕관을 갖고 있다고 해서 놀랄 일은 아니다. 이 말은 그들이 서로 공모했다거나 서로 결탁했다는 의미가 아니다. 만약 그런 의미라면 그건 논리적으로 잘못된 결론일 것이다. 그것보다는 사회에 대한 다른 입장과 관점을 허용하는 더 많은 의견과 더 많은 목소리를 저널리즘에 바라는 것이 적절하다. 예를 들어, 얼마나 많은 기자가 노동자 계층과 이민 가정 출신일까? 애초부터 교육을 중시 여기는 계층 출신의 기자는 몇 명이나 될까? 기자는 모든 계층과 사회 영역에서 배출되어야 이상적이지 않을까? 등등의 질문을 던지는 것이 바람직하다.

언론인도 실수한다

　아무리 독립적이고 중립적인 보도를 기대한다 해도, 기자도 똑같이 실수하고 백 퍼센트 객관적인 견해를 가질 수 없는 인간에 불과하다. 독립성, 진상 파악, 균형 잡힌 보도는 결코 완전히 실현될 수 없는 이상일 뿐이다. 그래서 일정한 보도 지침과 규정을 어떻게 적용해야 하는지를 결정하는 재량의 문제가 중요해진다. 비록 편집국에 여러 관리·감독 기관이 있다고 해도, 결국 통제하고 결정을 내리는 주체는 인간이다. 인간은 절대로 완벽하지 않다. 이는 개개인뿐만 아니라 모든 사회 집단도 마찬가지다.

　심리학에 따르면 개개인의 의견이 집단에 영향을 끼친다. 예를 들어, 한 집단에 아침식사로 버터를 바른 빵과 사과를 먹어야 한다고 생각하는 사람들이 많다고 하자. 이런 생각을 가진 사람들이 다수라면, 이 집단에서는 버터 빵과 사과가 이상적인 아침식사 메뉴가 될 것이다. 심리학자들은 이를 '신념의 간접적인 채택'이라고 말한다. 한 집단 안에서 다수가 새로운 규칙을 정하기 위해서는 적어도 집단 구성원의 25퍼센트가 새로운 규칙에 찬성하면 된다. 심리학자들은 이를 티핑 포인트(tipping point)*라고 부른다. 실제로 모든 집단에는 순응을 강요하는 어느 정도의 압박이 존재한다. 특히 주장과 신념의 문제일 때 더욱 그렇다. 집단 안에 있는 사람들은 의식적으로든 무의식적으로든 우세한 쪽으로 기운다. 수용과 순응은 정보와 신념을 빠른 속도로 확산시키지만, 정보와 신념이 옳은 것인지, 그른 것인지에 대한 의문과는 아무런 상관이 없다. 이런 현

---

*거대한 변화가 작은 것에서 시작되고, 급속도로 발생할 수 있다는 것.

상을 소셜 네트워크의 게시판과 집단에서 흔히 볼 수 있다.

그렇다고 해서 언론에서 소수 의견이 의도적으로 배제되거나 제외되는 것은 아니다. 설령 다수가 특정 신념을 지지한다고 해도 말이다. 이는 거의 모든 직업군에서도 마찬가지다. 언론인도 예외 없이 특정한 가치를 믿고 특정한 신념을 가진 직업군에 속한다. 비판할 때도, 판단할 때도 이것을 잊지 말아야 한다. 기자들을 조종하는 비밀 권력이란 없다. 또한 기자와 미디어 제작자가 서로 만나 공모하는 비밀 회합도 존재하지 않는다. 이뿐만 아니라 특정 도덕을 옹호하라고, 특정한 의견을 윤리로 포장하라고 강요하는 압박도 없다.

2

도발

01. 타인을 도발해도 되는가?

아침에 일어나자마자 견뎌야 하는 큰언니의 잔소리, 교실에서 내내 삼엄한 눈초리를 보내는 선생님, 농담을 알아먹지 못하자 놀려먹는 친구 놈……. 불쾌한 잔소리, 곤혹스러운 상황 그리고 종종 오해받는 눈초리 때문에 내면에서는 뭔가가 꿈틀거린다. 반대 경우도 마찬가지다. 단 한 번의 눈빛으로도 상대방을 도발할 수 있다. 종종 재미로 다른 사람을 머리끝까지 화나게 만들 수도 있다. 특히 부모나 선생님을 골려먹을 때 재미는 배가된다. 심리학자들은 이를 '자극 욕구'라고 한다. 자극을 마냥 부정적인 것으로, 불쾌한 것으로 볼 필요는 없다. 때론 숨어 있던 애정 표현이거나 만나고 싶은 욕구일 수도 있다.

도발은 큰 사건을 초래할 수도, 의도하지 않은 스캔들을 일으킬 수도 있다. 그 때문에 국가 대표팀에서 해고당할 수도 있다. 독일 국가 대표 선수였던 슈테판 에펜베르크는 1994년 미국 월드컵 경기 한국전에서 독일 팬들에게 야유를 받자 대놓고 손가락 욕을 했다. 이 일은 예상치 못한 사건으로 흘러갔다. 경기장에는 관중이 별로 없었다. 그래서인지 사진사도, 카메라맨도 이 순간을 포착하지 못했다. 이 장면을 담은 사진이 하나도 없다(요즘 같으면 상상도 못 할 일이다!). 그런데 중지를 치켜세우며 웃고 있는 에펜베르크의 사진이 세상에 돌아다녔다. 이 사진은 다른 장면을 찍은 것이지만 사람들을 자극하기에 충분했다. 특히 독일축구협회 회장 에기디우스 브라운이 적극 나섰다. 축구 선수는 모범을 보여야 하고, 공개적으로 쓸데없이 도발하는 선수는 국가 대표로 뛸 수 없다고 경고했다. 대표팀 감독 베르티 포그츠는 축구협회장의 의견에 동조했고, 에펜베르크는 국가 대표팀을 떠나야만 했다.

　　　　일상에서 누군가를 자극하고 싶다면 중지를 치켜세우면 된다. 이 표시는 누군가를 모욕하고 도발하겠다는 의지가 분명하다. 더욱이 독일 경찰관과 공무원에게 이렇게 했다간 명백한 범죄다. 손가락 욕은 공무원 모독죄에 해당하여 최고 4,000유로(한화 약 590만 원)의 벌금을 내야한다. 이에 비해 혀를 내밀어 조롱하는 행위는 150유로, 상대방에게 '넌 미쳤다'는 의미로 검지를 머리에 대고 돌리면 750유로 정도 벌금이 부과된다. 모욕적인 말 '얼간이', '더러운 놈'은 1,500~1,600유로, '더러운 년'은 1,900유로, '음탕한 것'은 2,500유로의 벌금이 부과된다(독일 법원에서 판결한 벌금이다. 실제 지불액은 사례에 따라 위에 명시된 금액과 다르고, '피해자'의 소득에 따라 달라진다. '범죄자'의 소득과는 상관없다!).

　　　　중지를 치켜세우는 행위가 혹독한 결과만을 낳는 건 아니다. 2013년 독일 사회민주당 대표 피어 슈타인브뤼크는 〈쥐트도이체 차이퉁 매거진(Süddeutsche Zeitung Magazin)〉에 중지를 치켜세운 모습으로 자신을 소개했다. 당시 그는 독일 수상 후보로서 현직 수상 앙겔라 메르켈과 경쟁 중이었다. 그의 홍보 담당자는 그에게 중지를 세우지 말라고 조언했다. 하지만 그러지 않았다. 슈타인브뤼크는 왜 말을 듣지 않았을까? 아마도 자신을 비판하는 정적들에게 엿 먹으라는 의사 표현을 하고 싶었을 것이다. 우리는 슈타인브뤼크가 독일 수상에 당선되지 못한 이유가 손가락 욕 때문만은 아니라는 것을 알고 있다. 하지만 이 예시는 20년 전과는 많이 달라졌다는 것을 암시한다. 에펜베르크는 국가 대표 선수 지위를 포기해야 했던 반면, 슈타인브뤼크는 계속 선거전을 치를 수 있었다.

중지를 치켜세우는 행위는 어느 정도는 금기에 속한다. 구전으로 전해 내려오면서 사회에서 금기시하는 것들, '그냥 해서는 안 되는 것들'이 존재한다. 위에서 언급한 손가락 행위에서 더 나아가 음식 문화로 주제를 바꿔보자. 당신은 살아 있는 박쥐를 먹을 수 있는가? 설명하기 힘든 이유로 밀림에 갇혀 있는 경우가 아니라면, 헤비메탈 콘서트 무대 위에서 실제 박쥐와 혼동한 게 아니라면 절대로 박쥐를 먹을 일은 없을 것이다.(실제 이런 일이 있었다. 1982년 록 뮤지션 오지 오스본은 콘서트 중에 실제 박쥐의 머리를 물어뜯어 먹을 뻔했다. 그는 모형 박쥐인 줄 알고 그랬다.) 일반적으로 유럽에서는 박쥐를 먹지 않는다. 식습관은 금기가 일상생활에 얼마나 구체적으로 영향을 끼치는지를 보여주는 좋은 예다. 독일에서는 고양이를 먹거나, 친구들을 저녁식사에 초대해 바퀴벌레찜을 식탁에 내놓는 것이 금기다. 쥐를 포함해 이런 동물은 메뉴판에 올라가지 않는다. 먹는 음식과 금지된 음식은 종교에 의해 구분되는 경우가 많다. 소가 신성한 동물로 여겨지기 때문에 특정한 인도 사람들은 소고기를 먹지 않는다(많은 의식처럼 이 금기 역시 변화하고 있다!). 이에 반해 유대인과 이슬람교도는 소를 도살하고 요리해 먹는다. 이들에게는 돼지고기가 금기다. 돼지를 불결한 동물로 여기기 때문이다. 나라와 음식 문화에 따라 금지된 요리로 서로를 도발할 수 있는 것이다.

- 주목을 끌기 위해
- 싸우기 위해
- 호감을 사기 위해
- 자신을 지키기 위해
- 약점을 찾기 위해
- 한계를 테스트하기 위해
- 누군가를 상처 주기 위해
- 아니면 다른 이의 능력을 시기하기 때문에

02. 금기란 무엇인가?

금기, 즉 터부(taboo)라는 개념은 폴리네시아에서 유래했다. 본래 금기는 '침해할 수 없는 것', '신성한 것'을 의미하는 용어였다. 만약 누군가가 또는 무엇이 신성한 것으로 인정되면 공동체 전체가 받들고 숭배했다. 이를 위해 금지, 예식, 관습과 관례가 정착되었다. 예를 들어, 신성한 대상물이나 인물을 만지는 것이나 쳐다보는 것도 금지했다. 정신분석학자 지그문트 프로이트는 이러한 인간 조상의 계율이 도덕이라는 형태로 변화해 간 것이라고 주장했다. 원시 공동체 사회에서(약 10만 년 전부터 20만 년 전까지) 금기는 명령과 도덕이라는 계율을 탄생시키는 데 기여했다. 그렇기에 프로이트는 금기를 사회 질서 유지를 위한 원리로 본 것이다. 이런 원리 위에서 광범위한 인간의 공동생활이 가능해졌다.

이처럼 가장 오래된 사회 질서 원리의 예가 바로 근친상간 금지다. 피를 나눈 형제자매는 성교를 해서도, 아이를 낳아서도 안 된다. 이는 원시 사회에서 금기로 정한 질서였다. 오늘날 우리가 당연하게 여긴 것들은 이전 시대에서도 우선적으로 배우고 익혀야 했던 것들이다.

비록 금기가 매우 개인적이고 익숙한 것이라고 해도, 어떤 감정을 불러일으키는 전형적인 특징이 있다. 금기는 보통 부정적인 감정인 불안, 수치, 죄책감, 거부감, 혐오감을 일으킨다. 이러한 부정적인 감정은 특히 자신을 지키려는 방어기제를 만든다. 무엇보다 개인위생, 성생활, 죽음과 같은 금기의 주제는 이러한 감정들을 불러일으킨다.

프로이트의 정신분석학 이론에 따르면, 금기는 거부와는 완전히 반대되는 효과를 낳기도 한다. 금기는 마음을 사로잡는 매력을 발휘하여 관심과 주목을 끌기도 한다. 왜냐하면 방어기제 뒤에는 바람, 판타지 그리고 욕구가 숨어 있기 때문이다. 수많은 금기 속에는 혐오와 매혹, 욕망과 금지, 친밀감과 거리감이 서로 나란히 붙어 있다. 이를 금지된 것의 매혹이라고 한다. 이러한 대립은 인간의 감정 세계에 긴장 상태를 만들어낸다. 인간은 이끌리고 밀어내는 감정을 동시에 느낀다. 어떤 것을 금기로 선언하는 목적은 이러한 긴장 상태를 해소하기 위해서다. 이다음에 이어지는 논리는 비교적 간단하다. 어떤 욕구가 공동생활에 해가 되면, 그것은 절제되고 통제되어야 한다. 본래 금기는 내적 긴장 상태를 통제하고 금기의 유혹을 제거하기 위해 존재한다.

프로이트는 인간 문화의 출발점이자 모든 사회에서 제한되고 통제되어야 하는 두 가지가 '성'과 '폭력'이라고 말했다. 원시 사회는 늘 다음과 같은 문제에 직면했다. 혈연관계로 얽힌 사람들의 성교를 어떻게 막고 저지할 수 있을까? 공동체에서 일어나는 사소한 폭력에서부터 살인에 이르기까지 수많은 폭력을 어떻게 제한하고 통제할 수 있을까?

현대 사회에서는 성과 폭력을 단순히 금기로 치부하는 일로 끝나지 않는다. 금기에는 구체적인 규범이 필요하고, 그렇지 않으면 아무런 효과가 없다. 원시 사회가 집행한 가장 오래된 처벌은 추방이든, 사형이든 금기 위반자를 공동체에서 완전히 분리시키는 것이었다. 오늘날에는 금기의 선을 넘었다고 해서 무조건 형벌에 처하거나 사형을 집행하지는 않는다. 보통 직장에서 해고되거나 가족에게서 쫓겨나는 등의 사회적 처벌을 받는다. 현대 사회에서는 금기를 깨면 다른 사람들에게 소외당할 수도 있다는 두려움으로 다가오기도 한다. 물론 이 두려움은 긍정적인 역할을 하기도 한다. 말하자면, 두려움은 사람들이 규범을 잘 따르고 서로 조화롭게 살아가는 데 기여한다.

현대 사회에서 구체적인 금기 사례는 아동에 대한 성적 학대다. 2,500여 년 전 고대 그리스 사회에서는 성인 남자와 어린 소년 간의 성적 접촉이 허용되었다. 하지만 사회는 점차 이런 종류의 성이 어린아이들의 발달 과정에 심각한 해를 끼치고 트라우마로 작용할 수 있다는 것을 인지했다(과거에 허용되었다고 해서 결코 정당한 것은 아니다!). 그로부터 수도 없이 관련법이 바뀌었다. 미성년자와의 성행위는 무조건 처벌을 받는다. 이때 미성년자에게 문제가 되는 성과 폭력을 성추행 또는 성폭력이라고 말한다. 특히 미성년 피해자가 불안과 수치심 때문에 학대 사실을 말하지 않기 때문에 독일 연방정부는 2012년 특별 프로그램을 시작했다. '용기를 내라!'라는 슬로건을 내걸어 어린이와 청소년 들에게 권리를 일깨우고, 경계를 넘었을 때 상황을 인식하도록 지도한다. 미성년 피해자들은 불안과 수치심 때문에 혼자 감당하는 일이 많다. 이들에게 혼자가 아니라는 사실을 알려주고 더 강해지도록 해야 한다. 수많은 어린이와 청소년은 자신의 권리를 인지하지 못하고 난처한 상황에서 어디에 도움을 청해야 하는지 모를 수 있다.

이런 맥락에서 소아 성애(pedophilia, 고대 그리스에서 유래한 용어로 '어린이에 대한 사랑'이라는 의미다)가 자주 언급되는데, 여기서 확실하게 구분해야 할 점이 있다. 소아 성애는 정신 질병으로 인정되기 때문에 처벌을 받지 않지만, 어린이를 대상으로 성욕을 표출하는 것은 당연히 처벌 대상이다. 소아 성애를 행동으로 옮기지 않는 사람은 걱정할 필요가 없다. 흔히 소아 성애 성향을 가진 것과 이것을 실제 행사하는 것을 명확히 구분하지 못하는 경우가 많다. 보통 사람들은 양자 모두를 똑같이 취급한다. 소아 성폭행이 금기시되는 곳에서는 소아 성애 성향 역시 금기시 되고 있기 때문이다. 이렇게 양자를 동급으로 취급하기 때문에 자신의 중독을 인정하는 사람들이 전문가 도움을 받는 것을 힘들어한다.

어린이를 대상으로 한 성폭행은 우리 시대에 가장 엄격한 금기 가운데 하나다. 만약 성인이 3~6세의 유아와 성관계를 맺었다는 사실이 알려지면 비난과 불신, 그리고 가해자를 향한 증오는 엄청날 것이다! 근친상간, 살인 그리고 성폭행은 모두 범죄이기 때문에 당연히, 엄격하게 금지되고 있다.

성범죄 예방에 대한 더 많은 정보는 여기서 참조

• https://www.bzga.de/was-wir-tun/praevention-von-sexuellem-missbrauch/
• https://www.trau-dich.de/deine-rechte/

금기는 배워서 익히는 것일까?

금기는 우리를 둘러싼 문화와 사회 환경에서 형성된다. 어릴 때는 가족 안에서, 양육 과정에서 금기를 익힌다.

특정 종교관에 따라 아이를 길러야 할까?

죽음은 금기의 주제가 될 수 있을까?

공개적으로 욕구에 대해 이야기를 나누고 대화 주제로 삼을 수 있을까?

개인위생은 어떻게 관리해야 할까?

가족에게 벌거벗은 모습을 드러내도 되는가?

성에 대해 얼마나 자유롭게, 공개적으로 말할 수 있을까?

03. 금기 파괴자가 대중을 사로잡는 이유

스캔들이 왜 이렇게 자주 터지는지 의문을 가져본 적이 있는가? 그건 당연히 재미 혹은, 관음증과 선정적인 호기심 때문일 것이다. 문화학자 게오르크 프랑크에 따르면, 인간은 두 개의 중요한 욕구에 따라 움직인다고 한다. 하나는 보고 보이고 싶은 욕구, 다른 하나는 험담이나 수다를 떨고 싶은 욕구다. 이 두 가지 욕구가 매우 강한 사람들은 소문을 크게 키운다. 뭔가 있을 것 같으면 사생활이나 사소한 부분까지 공개하여 돈벌이에 이용한다. 중요한 것은 연출이 좋아야 하고 사람들 입에 오르내려야 한다! 이를 관심의 순환이라고 말할 수 있다. 어떤 사람은 호기심에 차서 다른 사람 얘기를 떠벌린다. 또 어떤 사람은 다른 사람에 얽힌 소문을 이용해 돈벌이를 한다.

스캔들이 미디어에서 잘 먹히는 건 너무 당연하다. 스캔들이 매우 다양한 집단의 다양한 욕구들을 만족시키기 때문이다. 어떤 이는 화제의 중심에 서고, 다른 이는 화젯거리를 퍼트린다. 그리고 미디어는 스캔들로 이익을 보기 때문에 거부할 이유가 없다. 미디어와 대중은 단기적이고 선정적인 뉴스에 매달려 헤드라인 주목도와 클릭 수를 높인다. 인쇄 매체에서 늘 성공을 거둔 원칙이 디지털 미디어에서도 적용된다. 바로 '좋은 뉴스란 나쁜 뉴스다!'

이것은 관심 경제*와 관계가 있다. 기자는 나쁜 뉴스의 매력을

---

*주목 경제 혹은 주의력 경제라고도 불린다. 세인의 주목을 받는 것이 경제적 성패의 주요 변수가 되는 경제를 일컫는다.

안다. 뉴스가 충격적일수록, 안 좋은 뉴스일수록 더 잘 팔린다. 이러한 현상은 오래전부터 심리학에도 알려져 있었다. 부정적인 감정이 관심을 끄는 힘을 갖고 있기 때문이다. 좋은 뉴스와 성공 사례는 절반 정도의 관심만 받는다. 재앙을 보도하는 뉴스는 이른바 '좋은 뉴스'보다 더 많이 팔린다. 우리를 짜증 나게 하고 분노하게 만드는 뉴스는 마법처럼 우리를 끌어당긴다. 그건 실제 마법이 아닌, 부정 편향*과 깊이 관련되어 있다.

옛날에는 큰 나무 뒤에 토끼, 과일, 야생 동물뿐만 아니라 커다란 위험이 있을 거라 예상했다. 그런 생각이 우리의 생존 기회를 높여주었다. 인간의 뇌는 위험과 재앙에 매우 민감하다. 이를 통해 불안이 왜 우리 조상의 생존을 위한 전제 조건인지 설명될 수 있다. 적은 수의 위험보다는 지나칠 정도로 많은 위험을 경험하는 쪽이 생존에 유리하기 때문이다. 이런 의미에서 불안은 이전에는 보호 기능 역할을 했다(이 기능은 오늘날에도 유효하지만, 생존 문제에 있어서는 예전보다 기여도가 훨씬 더 낮아졌다). 불안은 치명적인 위험과 공격하는 야생 동물로부터 우리를 지켜주었다. 진정한 의미에서 불안은 우리가 생존하는 데 가치가 있다. 이 불안의 가치는 미디어뿐만 아니라 심지어 정치인에게도 작동한다.

부정적인 감정을 드러내는 사람은 화젯거리가 되고 이목을 끈다. 이를 통해 경제적인 이익과 대중에게 영향을 주는 이득까지 챙길 수 있다. 물론 몇 가지 좋지 않은 부작용도 있다. 많은 미디어는 소위 클릭베이트(clickbait)**에 열을 올린다. 클릭베이트는 '미끼로 유인'하는 것이다. 가

---

*긍정적인 것보다는 부정적인 정보나 경험에 더 민감하게 반응하는 심리 현상.
**자극적이거나 선정적인 제목, 이미지로 클릭을 유도하는 행위.

능하면 콘텐츠 소비자의 클릭 수를 높이기 위해 헤드라인과 기사는 흥미 위주로, 선정적으로 뽑는다. 예를 들면, "1990년대에 흥행한 TV 시리즈의 아역 스타, 그녀가 포르노 세계에 발을 들여놓다!" 혹은 "손톱을 물어뜯는 버릇에 관해 당신이 알아야만 하는 11가지 놀라운 사실들 – 당신은 8번 항목에서 울게 될 것이다!" 혹은 "아버지가 그것을 아들의 '게이' 장난감이라고 말했다". 클릭베이트는 사람들의 격한 감정과 반응을 불러일으켜야 한다. 금기를 깨는 일처럼, 스캔들처럼 클릭베이트는 목적을 갖고 있다. 즉 사람들을 자극하는 것, 클릭을 유도하는 것이다.

04. 금기를 깬 세기의 스캔들

문학, 예술, 정치 또는 광고에서는 전략적인 도발이 흔히 애용된다. 여기에 운이 좋으면 도발은 미디어에 포착되고 확산된다. 물론 도발이 강력할 경우 역풍과 비판을 받게 될 수도 있음을 염두에 두어야 한다 (예를 들면, 댓글 폭탄). 확실한 도발 수단은 의도적으로 금기를 건드리는 게임이다. 모든 것이, 마치 금기가 무시되는 것처럼 보여야 한다. 의도적인 금기 무시는 사람들을 자극하고, 무엇보다 사람들의 관심을 받고 이목을 끈다. 여기에는 다른 사람들이 말하고 행동한 것에 대해 큰 소리로 항의하는 것도 포함된다. 사람들이 분개할수록, 반응이 격렬할수록 스캔들이 될 가능성도 더 높아진다.

금기에 대한 도발은 궁극적으로 금기가 깨질 것이라는 상상에서 비롯된다. 금지령과 규칙이 이를 위반하는 사람들 때문에 만들어지는 것처럼 말이다. 프랑스 철학자 조르주 바타유에 따르면, 인간은 경계를 넘고 싶은 욕망을 느낀다. 이 철학자는 프로이트와 비슷한 견해를 갖고 있다. 금기와 도덕규범의 필요성은 인간의 비이성적인 감정 세계에서 비롯된다. 말하자면 불안, 혐오, 거부, 숨겨진 판타지와 은밀한 매혹 때문에 금기가 만들어지는 것이고, 금기와 규범을 깨고 싶은 욕망이 사회로 하여금 특정한 금기와 금지령을 제정하게 만드는 것이다.

조르주 바타유는 성, 외로움, 죽음과 같은 금기 주제에 대해 수많은 글을 썼고, 자신의 글을 통해 다시 도발했다. 그의 관심 주제는 의도적인 금기 깨기여서 도발적이고 과격하다. 바타유가 보기에 의도적으로 금지된 것을 어기려는 행위는 인간의 근원적인 충동에서 나온다.

금기 파괴자들은 미디어의 논리와 스캔들에 대한 관심을 이용하여 의도적으로 금기를 깨뜨린다. 금기 파괴자들은 우선 주목을 받고 도발하려 하지만, 대개는 실질적인 목적이 있다. 예술, 문학, 정치, 과학 분야에서 금기를 깬 여섯 가지 사건의 전략을 살펴 보자.

파괴적인 예술로 도발한다

다른 이들과 함께 자기만의 예술 운동을 펼친다. 먼저 괴상한 이름을 짓고, 이름의 탄생 배경에 대해 별난 이야기를 지어내면 된다. 어떠한 경우라도 특정한 의도가 있어 보인다면 의심을 받게 된다. 모든 것이 순전히 우연으로 만들어진 것처럼 꾸며야 한다. 예술 운동의 목표는 예술 개혁에 두어야 한다. 모든 것을 완전히 새롭고 완전히 다르게 만들고 싶은 것처럼 말이다.

물론 하나의 규칙을 항상 유념해야 한다. '절대 자기의 콘셉트를 정하지 말라.' 그런데 콘셉트가 없다는 것은 모든 사람들을 도발하고 틀에 얽매이지 않는 생각을 촉구한다는 콘셉트와 별반 다르지 않다! 만약 아무런 반응이 없다면 예술 운동가들 중에서 한 명이 무대 위에 올라 엉덩이를 까고 춤을 추거나 관객을 적당히 비난하면 된다. 중요한 것은 사람들을 도발해 반응을 이끌어내는 것이다!

1916년 취리히에서 다다이즘 예술가들이 실제로 그렇게 했다. 제1차 세계대전 중에 다국적 예술가들이 회합을 갖고 '다다(dada)'라는 새로운 예술 운동을 선언했다. 콘셉트가 없다는 것이 이미 이름 안에 깔려 있다고는 하지만, '다다'는 프랑스어로 '목마'라는 뜻이다. 그런데도 다다이즘 예술은 콘셉트가 없다고 주장한다. 독일어 사전을 넘기다 보면 'Dada'가 나온다. 허무맹랑하게 들릴 수도 있는 다다는 뉴욕, 하노버, 베를린, 취리히, 쾰른, 파리에서 다국적 예술 운동으로 발전했다. 다다이즘 예술가들은 한결같이 다다의 본래 의미에 대해 정의를 내리지 않는다. 그들은 자신들이 발표한 시, 텍스트, 콜라주 그리고 퍼포먼스를 통해 도발했다. 카바레 볼테르*에서는 이미 누군가가 엉덩이를 깐 채 무대 위에서 춤을 추거나 관객을 비난했다. 관객이 도발에 반응하도록 말이다. 다다이즘 예술가들은 이런 도발을 예술 원리로 삼는다.

공공장소에서 죽음을 전시한다

사회의 도덕관념에 깊이 박혀 있는 금기를 건드린다. 예를 들어, 죽음에 관한 주제! 가장 좋은 방법은 사망한 사람의 시신에 색을 입혀 갤러리에 전시하는 것이다. 당연히 조건이 있다. 생전에 시신 주인에게 허락을 받아야 한다. 하지만 허락을 받았어도 시신을 공개적으로 전시하는 일처럼 금기시되는 일은 아마 없을 것이다. 어째서 죽음에 대해 그렇게 많이들 이야기하면서 시신은 쳐다보지도 못하게 하는 걸까? 의사는 시신을 연구할 때 정확히 이렇게 하지 않나?

해부학자 군터 폰 하겐스가 이와 비슷한 생각을 했던 것 같다.

---

*독일의 휴고 볼(Hugo Ball)과 아내 에미 헤닝스(Emmy Hennings)가 스위스 취리히에서 운영한 카바레로, 다다이즘의 발상지다.

그는 1994년 '인체의 신비'라는 국제 순회 전시회를 독일에서 열었다. 시신을 전시하는 퍼포먼스로 오늘날까지도 많은 비판과 열띤 토론을 불러일으켰고, 극심한 혐오를 샀다. 전시회를 상대로 여러 차례의 재판이 열렸다. 하겐스가 시신을 외국에서 불법으로 들여왔다는 혐의를 받았기 때문이다. 잡지 〈슈피겔(Der Spiegel)〉과 일간지 〈타게스슈피겔(Der Tagesspiegel)〉은 하겐스가 사전 동의도 받지 않고 사고 희생자와 정신병 환자의 시신을 사용했다고 보도했다. 이것이 인체의 신비 전시회가 논란이 되는 이유 가운데 하나였다. 더군다나 그는 국제적인 시신 거래로 막대한 돈을 벌었다고 한다. 언론 보도에 따르면 하겐스는 시신을 사고팔아 백만장자가 되었다고 소개되었다(이 경우는 불법이어서 더욱 자극적이고 도발적이다).

여기서 도덕적 질문이 제기될 수밖에 없다. 만약 우리가 합법적으로 열린 인체의 신비 전시회에 간다고 하면, 전시품은 여전히 실제 시신일까, 아니면 사람 형태를 본떠 만든 예술 창작품일까? 이때 중요한 것은 계몽일까, 도덕적 도발일까? 교육적 효과는 단지 변명일까? 여기서 학문은 사회적 금기를 깨기 위한, 돈을 벌기 위한 그저 핑계였을까?

하겐스의 새로운 전시회는 그 어떤 경우라도 도덕적 도발이 일정한 역할을 한다는 것을 보여준다. 그는 성교를 나누고 있는 두 사람을 전시하려고 했다. 공중에 떠 있는 한 쌍이 마치 예술품처럼 공개 전까지 천으로 덮여 있었다. 그렇지 않으면 갤러리 측에서 전시회를 승낙하지 않았을 테니 말이다. 이 전시회에 대해서도 수많은 사람들이 전시회가 예술과 계몽보다는 의도된 도발과 윤리적 금기 깨기에 초점이 맞춰졌다고 비난했다. 그리고 교육적, 학문적 가치도 없었다. 독자들은 자신의 신체가 전시를 준비하고 있다는 상상을 과연 할 수 있을까? 만약 독자의 친지나 지인이 갤러리에 전시되어 있다면 관람할 수 있을까?

사랑과 불행의 화신, 프리다 칼로처럼 행동한다

'사회적 관습에 얽매이지 않는 삶을 살고, 삶이 당신을 위해 준비한 역경에 저항하기! 네 자신과 네 예술에 충실하라! 결코 인생의 기쁨을 잃어버리지 말라!' 이를 행동으로 보여준 예술가가 바로 멕시코 출신의 프리다 칼로다. 그녀는 1907년 7월 6일 멕시코시티에서 독일 출신의 사진작가 아버지와 문맹이었던 어머니 사이에서 태어났다. 그녀의 유년 시절은 불행의 연속이었다. 6세에 소아마비에 걸렸지만 굴하지 않고 수영, 사이클 등 운동을 열심히 했다. 18세의 프리다는 1925년 9월 17일 골반에 구멍이 날 정도로 심각한 버스 교통사고를 당했다. 그녀는 다시 싸웠고 온갖 노력으로 회복된 뒤 다시 걷는 법을 배웠다. 그럼에도 인생 대부분을 온몸에 깁스를 하거나 흉부 깁스를 한 채 보내야 했다. 1954년 생을 마감할 때까지 그녀는 심각한 골절과 상해로 32번이나 수술을 받았다. 이 힘든 기간에 그녀의 유명한 자화상과 수많은 그림이 탄생했다. 그림에는 육체적, 정신적 고통이 고스란히 담겨 있다. 아메리카 인디언의 신화에 큰 영향을 받은 그녀는 매우 다채롭고 초현실적인 시각 언어를 사용했다. 그녀의 자화상 〈프레임(The Frame)〉은 파리 루브르 박물관이 구입한 최초의 멕시코 예술가 작품이다.

프리다의 생애는 수많은 불화와 사건으로 점철되어 있다. 그녀는 스무 살이나 많은 멕시코 예술가 디에고 리베라와 사랑에 빠졌다. 그는 정치적이고 혁명적인 벽화로 유명했다. 두 사람은 1929년에 결혼했고, 10년 뒤에 이혼했다. 프리다의 여동생 크리스티나와 디에고의 스캔들 때문이었다. 1년 뒤인 1940년 디에고와 프리다는 재결합했다. 두 번째 결혼에서도 디에고는 외도를 했지만, 프리다에게도 연인들이 있었다(레닌의 전 동지이자 스탈린의 숙적 트로츠키도 그녀의 연인이었다. 그는 디에고와 프리다의 보호 아래 숨어 있었으나 결국 암살되고 말았다). 프리다는 작품에 육체적 고통을 비롯해 모든 복잡한 감정과 경험을 담았다. 디에고의 외도에 대한 분노와 비통, 그에 대한 열정과 사랑까지 담아냈다.

프리다의 예술은 국제적인 명성을 얻었다. 그녀의 작품들은 멕시코의 국가 문화재로 지정되었고, 디에고의 작품보다 더 유명해졌다. 오늘날까지도 그녀는 전 세계적인 롤 모델이며 사회 관습을 극복한 해방 여성으로 평가받고 있다. 왜냐하면 그녀는 당시에 남성들만 할 수 있었던 모든 것을 했기 때문이다. 그녀는 술을 마시고, 야한 농담을 즐겼으며, 자신의 행복이나 불행을 숨기지 않았다. 도발적인 행동과 그림으로 사회 통념에 맞섰다. 결국 프리다 칼로는 예술에서 의미 있는 역할을 수행했을 뿐만 아니라, 여성 운동 측면에서도 중요한 본보기가 되었다.

그녀는 마침내 신화가 되었다. 그녀의 극적인 최후

도 한몫했을 것 같다. 마지막 3년간 그녀는 휠체어에서 보냈고 1953년에는 오른쪽 다리를 절단했다. 잠깐이나마 고통을 덜기 위해 담배를 많이 피웠고 마약까지 손을 댔다. 1954년 7월 13일 그녀는 폐렴으로 사망했다.

정당을 도발하며 대중을 부추긴다

'기독교민주연합당(이하 '기민당'으로 씀)의 파멸'이라는 동영상을 만들어 유튜브에 공개한다! '파멸'이라는 단어만으로도 주목을 끌기에 충분하다. 그 이유는 무엇보다 의식적으로로든 무의식적으로로든 사람들 뇌리에 파멸 판타지를 심어주기 때문이다. 첨예하게 맞서고 싶다면 동영상에 정당 대표들을 매우 격렬하게 몰아붙여야 한다. 공격적인 비판, 풍자 그리고 조롱은 도발을 일으키는 주된 요소다. 정당들이 빈부 격차를 심화시키고, 기후 변화를 가속화하고, 사전 준비도 없이 무조건 미국과의 군사적 충돌을 승인하고, 심지어 지원하기까지 한다고 질책해야 한다.

이런 무모한 일을 26세의 유튜버 레초(Rezo)가 해냈다. 그는 기민당 파멸 동영상으로 며칠 만에 1천만 조회 수를 올렸다. 레초는 거대 정당, 즉 기민당, 기독교사회연합, 사회민주당, 독일대안당, 자유민주당을 비판하기 위해 출처 목록이 13쪽이나 될 만큼 자료를 살폈다. 도발에 성공하려면 사실, 출처 등을 상세하게 인용해야 한다. 비판이 설득력을 갖춰야 하기 때문이다. 물론 사람들은 어차피 그런 정보를 검증하지 않는다. 특히 동영상의 업로드 시점은 대단히 미묘하고 도발적이었다. 유럽의회 선거 직전에 동영상에 관한 소문이 퍼졌기 때문이다. 이로 인해 기민당과 다른 정당들은 대중으로부터 따가운 눈총을 받았다. 유럽의회 선거는 공개 토론 중심으로 전환되었다. 마침내 레초는 녹색당과 좌파당을 지지한다고 의사를 밝혔다. 어쨌든 만약 도발하고자 한다면, 반드시 정당을 겨냥해 의견을 개진해야 한다는 것이다. 비록 55분짜리 동영상에 일방적이고 피상적인 입장만 전달할 수 있다고 해도, 레초는 그래도 진지한 비판과 함께 청년들이 참여하는 정치 토론이 활기를 만들어낼 수 있다는 사실을 보여주었다.

비폭력 혁명을 선동한다

정치 운동 지도자가 되어 비폭력 혁명을 이끄는 것이다! 저항은 어떠한 상황에서도 무기 없이 이루어져야 한다. 폭력을 무기로 사용하는 순간, 합법적으로 저항할 수 있는 기회를 놓쳐버린다. 비폭력 저항을 계속 요구하고, 모든 형태의 폭력을 거부하는 것으로 도발을 시작한다. 대의를 지지하거나 반대하고, 필요한 경우 농성과 단식 투쟁을 벌인다. 요구가 진지하게 받아들여질 때까지 식사를 거부한다.

마하트마 간디는 농성과 단식 투쟁으로 20세기 평화와 자유의 상징이 되었다. 그가 보여준 비폭력 저항은 1947년 인도 독립에 중요한 역할을 했다. 18세기에 인도는 영국의 식민지가 되면서 대영제국에 귀속되었다. 간디는 무엇보다 두 가지 업적으로 존경과 찬사를 받는다. 젊은 시절에 남아프리카에서 인종차별주의에 맞서 싸우고 그곳에 사는 인도인들의 권익을 변호했다. 이후에도 영국 식민 통치로부터 인도의 정치적 독립과 해방을 위해 헌신했다. 인도 지폐에 그려진 간디는 동그란 안경을 끼고 여전히 웃는 얼굴을 하고 있다.

물론 그의 생애를 자세히 들여다보면 존경과 기만이 동전의 양면처럼 공존할 수 있음을 알 수 있다. 간디의 어두운 이면이 줄곧 폭로되고 있기 때문이다. 남아프리카에서 그는 모든 인종차별주의에 맞서 싸운 것이 아니라 인도 국민이 차별당하는 경우에만 관여했다. 다른 유색 인종의 권리와 흑백 인종 차별은 그에게 그리 중대한 문제가 아니었음을 보여주는 증거들이 나왔다. 이뿐만 아니라 그는 능욕당한 여성의 인권을 부인했다. 그의 생각에 능욕당한 여성은 더 이상 인간이 아니었던 모양이다.

이런 사실은 오늘의 관점에서 보면 꽤 흥미롭다. 현재까지도 인도 여성은 자신의 권리를 거의 누리지 못하고 있기 때문이다. 예를 들어, 여성을 강간한 남자가 법적 절차에 따라 기소되지 않는 일이 흔하다. 이런 점에서 간디는 인도 문화의 여성 혐오적 경향을 대표하는 인물이다. 이런 모순에도 간디처럼 비폭력 저항의 아이콘이 된 사람은 거의 없다. 비록 여기저기 흠결이 많은데도 그는 언제나 인도의 위대한 해방자로 여겨지고 있다. 간디의 경우는 존경받는 인물이 기만의 상징으로 손바닥 뒤집듯 손쉽게 바뀔 수 있음을 잘 보여주는 사례다. 사람들은 흔히 선함과 완벽에 초점을 맞추기 때문에 인간의 나쁘고 어두운 면을 쉽게 간과할 뿐만 아니라, 보고 싶어 하지도 않는다. 그렇기에 간디의 미화된 측면만 사실로 받아들이는 것이다.

우리가 특정 인물을 미화하는 이유는?

- 그들이 잘하는 것이 있으니까
- 우리가 그들을 매우 존경해서
- 그들이 스타 또는 아이콘이니까
- 그들이 자신보다 어른스럽거나 젊어서
- 그들을 사랑해서
- 그들에게 특별한 권위가 있어서
- 국가, 종교 또는 사회가 그렇게 하라고 하니까
- 그렇게 하라고 배웠고, 그에 대해 의문이 들지 않기 때문에

도발과 다툼이 생산적이지 않은 이유

말하자면, 우리가 도발에 넘어가게 되면 어떻게 될까?

- 충분히 분노할 수도 격분할 수도 있겠지만, 이런 반응은 신뢰와 설득력을 떨어뜨린다.
- 객관성을 잃어버린다.
- 중요한 논점과 견해를 잘 수용하지 못한다.
- 격앙, 분노, 다른 감정적 거부 반응이 의사소통을 어렵게 한다.
- 최선의 방법은 도발에 넘어가지 않고 도발하는 사람이 바라는 반응을 보여주지 않는 것이다.

05. 우리는 언론 통제 사회에서 살아갈 수 있나?

　　자신을 금기 파괴자로 연출하려면 미디어와의 관계가 전략이 될 수 있다. 자신의 모든 저서가 베스트셀러가 되고 본인이 다룬 이슈들도 현재까지 뜨겁게 논의되고 있는데도 불구하고, 틸로 자라친은 독일 언론에 검열이 엄연히 존재하고 있다고 주장한다. 한 인터뷰에서 그는 라디오 방송에 대해 말했다. "이민, 교육, 인구 통계에 대한 일방적이고 편파적인 견해가 국영 방송을 완전히 장악하고 있어요. 검열도 무자비하게 자행되고 있고요." 이 말 뒤에 숨어 있는 전략은 단순하다. 검열이라는 주제를 건드려 자신의 잘못과 모순을 향하는 시선을 다른 곳으로 돌리는 것이다. 여기에는 자기 가치를 끌어올리려는 의도도 있다. 검열을 받는다는 것은 특별한 위치에 있다는 것이고 뭔가 중요한 일을 하는 것처럼 여겨지기 때문이다! 따라서 자라친이 검열 주제를 꺼낸 이유는 다음과 같이 추정된다. '다들 잠자고 있을 동안, 불편한 진실을 마침내 폭로하고 퍼뜨리는 사람이 바로 여기 있다!'

　　자라친은 가짜 언론이라는 말은 멀리했으나, 근본적으로 그와 비슷한 이야기를 하고 있다. 말하자면 그의 비난은 '검열'이라는 금기와 이어진다! 자유민주주의 입헌 국가에서 국가가 언론의 자유를 침해하고 검열하는 것은 금기다.

　　과거를 조금만 돌아보아도 검열에 대한 두려움은 당연한 것이다. 모든 전제주의 체제 안에서, 그것이 공산주의든, 독일 제3제국의 국가사회주의든 간에 모조리 검열을 당했기 때문이다. 검열은 독재 정권의 지배 아래에 있음을 보여주는 증표다. 민주주의에서는 표현의 자유가 중요하기 때문에 온갖 형태의 검열은 민감한 금기의 주제다. 그래서 자라친 같은 정치적인 저술가가 검열 같은 금기를 이야기하고, 이를 깨뜨리는 연출을 하는 것은 어쩌면 당연하다. 그의 도발은 훤히 들여다보이는 전략이다. 그는 먼저 이민, 교육, 인구 통계와 같은 가려진 진실을 파헤치는, 금기를 깨뜨리는 사람으로 자신을 포장한다. 그다음 이런 진실을 언론이 검열함으로써 표현의 자유를 위반하고 있다고 비난하면 된다. 그의 말대로 검열이 무자비하게 자행되고 있다면, 그건 이미 '언론 독재'이다. 어쨌든 뭔가를 주장하고 싶은 사람은 스캔들의 중심에 서서 언론과 대립하면 된다.

　　　　정확히 이런 맥락에서 틸로 자라친은 천박한 이데올로기가 독일의 주요 언론을 장악하고 있다고 말한다. 그는 주요 언론사의 저널리스트들이 독일 언론을 조작한다고 비난함으로써 불안과 의혹을 조장한다. 또한 그는 '국영 방송'을 들먹이며 가장 먼저 공영방송을 건드린다. 그가 제기한 주류 언론 비판은 '가짜 언론' 운운하는 주장과도 비슷하다. 그는 사회 시스템을 떠받치고 있는 언론 매체 전체를 매도한다. 여기에 장단을 맞춰 우익 언론 매체도 '시스템 미디어' 또는 '주류 언론'을 매우 경멸적으로 언급한다. 자라친 역시 주류 언론이 어용화되고 있고, 그래서 획일적

인 의견을 내놓는다는 혐의를 씌운다.(1장 '거짓말' 참고)

보수 극우 성향의 미디어 비판가들이 보기에 주요 언론의 저널리스트들은 좌파적이다. 이처럼 주요 언론에 대한 비판 이면에는 궁극적으로 서로 다른 정치적 신념들 간의 갈등이 존재한다.

시스템 미디어와 주류 언론에 대한 비판이 우익 진영에서 중도파로 옮겨 붙고 말았다는 불만이 이미 오래전부터 터져 나왔다. 2008년부터 2019년까지 독일 정치 상황을 유심히 들여다보면, 우익 진영이 제기한 주제가 정쟁의 대상이 되었다는 것을 알 수 있다. 이를 촉진시킨 이가 바로 중산층 출신으로 거대 대중 정당의 일원이었던 틸로 자라친이다. 그는 2020년 7월 31일 사회민주당에서 제명되었다.

사고 실험
의견은 사실에 기초해야 할까, 개인적인 경험에 기초해야 할까?

저서 《독일이 사라지고 있다》에서 틸로 자라친은 인구 통계 추세에 대한 많은 통계와 팩트를 인용한다. 교육과 통합에 대한 이민자들의 관심이 부족하다는 증거로 오페라 관람 경험을 이야기한다. 그는 지난 수십 년 동안 오페라 극장에서 이민자를 본 적이 없다는 자신의 경험을 들먹이며 이민자들이 문화와 교육에 관심이 없다고 주장한다.

설령 자신이 직접 인상적인 경험을 했다고 해도, 이런 경험이 보편적으로 타당하고 진실인 것인가?

개인의 경험이 자기 의견을 형성하는 데 얼마나 중요한가?

팩트와 통계만을 근거로 의견을 형성할 수 있는가?

주관적인 경험을 일반화하는 것이 과연 표현의 자유일까?

받아들이기 불편한 의견을 내놓은 자라친은 과연 표현의 자유를 지키는 수호자일까?

학문적인 책에는 얼마나 많은 주관적인 의견이 담겨 있을까?

가장 위험한 의견이란, 아무 곳에서 듣고서 아무런 검증 없이, 의문을 갖지 않은 채 그저 받아들이기만 하면 되는 그런 의견이 아닐까?

06. 표현의 자유는 절대적인 것인가?

민주주의 사회에서는 자신이 옳다는 주장을 누구나 표명해도 되는가? 누군가가 민주주의를 폐지하고 독재 체제로 가야 한다고 주장한다면? 이런 의견은 괜찮은가? 표현의 자유는 꼭 필요한 걸까, 아니면 제한을 두어야 할까?

정치권이 스캔들을 일으키고 금기를 깨는 연출을 하기 위해 애용하는 슬로건들 가운데 표현의 자유만큼 잘 먹히는 것도 없다. 왜냐하면 실제로 표현의 자유는 처음에는 마치 반드시 필요한 것처럼 들리기 때문이다. 의견을 내놓는 행위는 옳고 그름을 떠나 뭔가를 평가하는 입장 표명이다. 그래서 이론적으로는 서로 다른 의견이 무한히 존재하며, 논쟁할 수 있는 것이다. 이와 달리 '사실에 대한 주장'이 있을 수 있다. 사실 주장은 의견을 포함하고 있을 때에만 보호받을 수 있다. 의견이 없는 사실 주장은 사실 혹은 거짓으로 판가름 날 뿐이고, 기본법에 근거하여 의견을 자유롭게 표명하는 것과는 완전히 다르다. 하여간 범죄를 저지르거나 법을 위반하지 않았다면, 민주주의 입헌 국가에서 모든 국민은 자신이 원하는 대로 생각하고 말할 권리가 있다.

언론의 자유, 표현의 자유는 18세기 무렵 계몽주의 시대에 탄생했다. 그전에는 이런 사상이 전혀 없거나 매우 제한적으로 허용되었을 뿐이다. 프랑스 혁명과 같은 사건들이 계몽주의뿐만 아니라 이성주의 사회와 문화를 발전시켰다. 1789년 프랑스에서는 '표현의 자유'가 인권과 시민권에 대한 선언문에 공식적으로 포함되었다. 이후 유럽 민주주의 입헌 국가들과 미국도 언론의 자유와 표현의 자유를 공존의 기반으로 삼았다. 오늘날 민주주의에서 당연하게 여겨지는 것들은 지난 수백 년간 유럽 전역에서 쟁취한 결과들이다. 표현의 자유는 한 국가의 모든 시민과 국민에게 똑같이 보장되는 권리로, 비교적 최근에 정착되었다. 1949년 서독은 표현의 자유를 기본법으로 보장했다.

영국 철학자 존 스튜어트 밀은 표현의 자유를 보호한 가장 위대한 수호자이자 옹호자였다. 그에게 표현의 자유는 모든 자유 가운데 가장 중요했다. 유명한 저서 《자유론》에서 그는 네 가지 논점을 제시했다.

1. 어떤 의견이 옳은지, 그른지 완벽하게 말할 수 없다. 첫째, 인간은 언제나 틀릴 수 있고, 둘째, 각각의 의견이 옳거나 그를 수 있기 때문이다.

2. 설령 어떤 의견이 근본적으로 잘못되었다고 해도, 그 의견 안에는 아주 작을지라도 진실이 있을 수 있다. 이런 점에서 잘못된 의견은 진실을 찾는 데 유용할 수 있다. 밀이 말하고자 한 것은 어떠한 의견도 완벽한 진리로 구성될 수 없으며, 모든 의견은 다른 의견으로 보완되어야 한다는 것이다.

3. 다른 의견과 담판을 벌이는 것이 중요하다. 반대 의견에 귀를 기울이고 자기 의견에 여전히 모순이 없는지 항상 검증해야 한다. 하나의 의견을 주장한다면, 왜 그런 의견을 가졌는지도 알아야 한다. 또한 그 의견이 왜 참인지 근거를 밝힐 수 있어야 한다.

4. 각각의 의견에 언제나 의문을 품어야 하고, 의견들이 참인 이유를 모두가 알기 위해 토론해야 한다. 의견을 그냥 받아들여서는 안 되고, 찬반 논거를 제시하여 올바른 판단을 내리고 있는지 확인할 수 있어야 한다.

존 스튜어트 밀이 보기에, 무엇이 옳은가를 놓고 시민들이 끊임없이 씨름하는 것도 민주주의의 일부분이다. 하지만 밀은 민주주의에서 더 까다로운 문제들을 보았다. 무엇보다 민주주의 공동체는 자유를 당연한 것으로 여기기 때문에 고통을 겪는다. 습관이 되면, 즉 평범해지면 곧 가치가 떨어진다. 또한 밀은 '다수의 폭정'을 가장 큰 위험으로 보았다. 비록 다수가 민주주의를 따른다고 해도, 다수가 소수를 무시하고 억압할 수 있다는 것이다. 밀은 공공의 의견이 혐오와 폭력으로 변질될 수 있다고 거듭 경고한다. 그래서 그는 순수 민주주의*나 직접 민주주의 같은 형태의 민주주의를 반대했다. 적어도 문맹인 다수가 중요한 결정을 내리지 않도록 하기 위해 선출직 의원과 대표들이 필요하다고 했다. 이들이 모두를 위한 최선의 결정이 무엇인지에 대해 서로 다투고 함께 고민해야 한다는 것이다. 또한 밀은 혁신을 촉진시키고 사회를 발전시키는 개인의 능력, 탁월한 두뇌도 강조했다.

민주주의 사회의 평화로운 존속은 다음과 같은 질문에 달려 있다. 어떤 의견이라도 절대적 진리일 수 없고, 그래서 저마다의 방식에 따라 자신만이 옳다고 하는 것을 우리는 어떻게 다루어야 할까? 그리고

---

*절대 다수의 결정에 따라 모든 것이 결정되는 민주주의.

우리는 서로 (힘으로) 싸우지 않고 억압하지 않으면서 다른 의견을 어떻게 허용하고 받아들일 수 있을까? 실제로 표현의 자유 개념은 오해의 소지가 있고 자주 미화된다. 왜냐하면 절대적인 자유란 없기 때문이다! 제한이 없는 자유란 없다. 왜냐하면 자유는 언제나 한계를 갖고 있기 때문이다! 표현의 자유를 두고 벌이는 공개 토론에서 모든 것을 말해도 되는 것은 아니다. 오히려 말하면 안 되는 것이 포함되어야 한다. 즉 표현의 자유에는 한계가 있어야 한다. 그래서 표현의 자유와 표현의 제한 사이에는 가장 큰 잠재적 갈등이 숨어 있다.

독일은 자유로운 의사 표현을 기본법에 보장하고 있다. 하지만 몇몇 예외가 있다. 표현의 자유는 청소년 보호와 개인의 명예 보호라는 이유로 제한될 수 있다는 것이다. 이 제한은 적용하기에 모호하고 너무 광범위하다는 취약점이 있다. 따라서 법원은 개별 사건에서 이 제한이 어떻게 이해되어야 하는지를 판단해서 결정해야 한다. 청소년 보호를 위해 청소년 보호법이 존재한다. 청소년 보호법에 따르면 폭력 장면이나 외설적인 내용이 포함된 영화는 이를 고지해야 한다. 이 외에도 술과 약물에 관한 명확한 규정도 있다. 더 나아가 극단주의와 반헌법적 입장을 어느 정도까지 허용할지도 규정하고 있다.(4장 '혐오' 참고)

개인에게도 표현의 자유가 제한된다. 예를 들어, 다른 사람을 비방해서는 안 된다. 의도적으로 거짓말을 하거나 다른 사람에 대한 소문을 퍼뜨려 손해를 끼친 사람은 인신공격으로 처벌을 받거나 명예 훼손으로 고소당할 수 있다. 또한 피부색, 출신, 성별, 종교 등을 이유로 타인에 대한 증오를 선동해서는 안 된다. 특히 기자와 언론 보도는 이 의무 사항을 지켜야 한다. 일반 언론 강령에 따르면, 언론 보도에서 소수자를 차별해서는 안 된다고 규정한다. 이뿐만 아니라 기자는 세부 사항 즉 출신, 피부색 등을 언급할 때 소수자에 대한 편견을 드러내서도 안 된다. 기자는 어떤 정보가 공익적이고 적절한지를 판단해야 한다. 기자들에게는 이러한 규칙과 책임이 있으며, 이는 매우 민감한 사안이다.

표현의 자유란 자유롭게 말해도 된다는 것을 의미한다. 이 권리는 당연히 민주주의 사회에서 살아가는 모든 사람에게 적용된다. 그렇다고 공개적으로 주장하고 말한 것에 대해 비판받지 않는다는 뜻은 아니다. 오히려 표현의 자유가 보장된 사회에서는 그 어떤 것이라도, 그 누구라도 공개적으로 비판받을 수 있다. 또한 비판에 반론을 제기할 수 있어야 하고, 비판과 반론을 계속 이어가야 한다. 물론 이러한 비판과 반론의 무한 반복으로 때로 어리석은 논쟁이 발생할 수도 있다.

자유로운 의사 표현과 비판의 권리를 믿고서 사람들은 열성적으로 비판한다. 하지만 비판받으려고 하는 사람은 소수에 불과하다. 표현의 자유에는 비판을 제기하는 동시에 비판을 감수하는 것도 포함된다. 이런 비판 제기와 비판 감수는 다른 의견에 대처하는 법을 배웠을 경우에야 비로소 가능하다. 또한 진정한 관용의 미덕은 다른 의견을 무턱대고 받아들이고 무조건 좋게 보는 것이 아니라, 비록 타인의 의견이 나와 다를지라도 정당하다면 이를 기꺼이 받아들이는 것이다. 하지만 정치 토론에서는 정쟁만 일삼는 경우가 허다하다. 비판을 받게 되면, 비판에 대해 토론하기보다는 오히려 또 다른 사람들을 공격하는 전략을 자주 구사한다. 이럴 경우 비판과 당면 과제로부터 한참 멀어지게 되고 본질적인 논의에서도 벗어난다.

또 다른 인기 있는 전략은 상대방의 수사법에서 결함을 찾아
내는 것이다. 그래서 표현의 자유를 두고 벌이는 논쟁은 매번 '무엇을 말
하는가'라는 질문에서 맴돈다. 예를 들어, '아이와 동물은 덜 발달된 두
뇌를 가진 열등한 생명체라고 말할 수 있다.' 이런 주장을 전개하려면, 사
실에 근거한 토론을 시작하고 '열등한', '두뇌가 덜 발달된'이란 말이 정확
히 무슨 의미인지를 질문할 수 있어야 한다. 그렇지 않으면, 아이는 인간
이지 동물이 아니기 때문에 아이와 동물을 같은 선상에 두고 비교해서는
안 된다고 말꼬리를 잡을 것이다. 진술 '내용'보다는 진술 '방식'이 비판의
대상이 된다. 표현의 자유는 당연히 아이와 동물에 대한 차별, 혐오를 허
용하지 않는다.

사고 실험

모든 것을 참아야 할까?

이 질문을 두고 오늘날까지 의견이 분분하다. 즉 온갖 종류의 편협과 싸워
야 할까, 아니면 허용해야 할까? 혐오와 비방에 강력하게 대처해야 할까,
아니면 표현의 자유라는 명분으로 내버려둬야 할까? 버트런드 러셀과 칼
포퍼의 의견은 극명하게 갈렸다. '두 명의 철학자, 두 개의 견해!'라는 모토
에 걸맞게.

• 수학자이자 철학자였고, 존 스튜어트 밀의 철학에 관심이 많았던 버트런
드 러셀은 뉴욕 타임스에 '광신자에 대한 최선의 대답, 자유주의'라는 제목
으로 자유주의자가 지켜야 할 십계명을 발표했다. 그 가운데 여섯 번째 계
명은 다음과 같다. "당신이 해롭다고 보는 주장을 결코 힘으로 억누르려고
하지 마라. 오히려 그 주장이 당신을 억압하려 할 것이다."

• 이에 대해 칼 포퍼는 자유주의를 찬양하는 주저 《열린 사회와 그 적들》에서 제약 없는 관용은 결국 관용을 소멸시키고 말 것이라고 주장했다. 그의 논제는 다음과 같다. '어떠한 경우라도 편협과 관용이 서로 만나게 놔둬서는 안 된다. 그런데 더 이상 내버려두어서는 안 되는 편협함을 어떻게 알아볼 수 있을까?' 이를 위해 포퍼는 분명한 기준을 제시했다.

1. 합리적 수준의 토론을 거부하는 경우, 2. 폭력 사용을 선동하는 경우. 이 두 경우가 개인 혹은 집단에게서 보인다면, 이들의 자유를 제한해야 하며, 위급한 경우에는 강제해야 한다.

당신은 누구의 생각이 옳다고 보는가? 어떠한 상황에서도 의견과 주장을 강제로 제한해서는 안 되는 것일까? 아니면 그와 반대로 종종 강제로 제한해도 될까? 만약 제한해야 한다면 어떤 상황에서 그래야 할까?

07. 언어에 사회 변화를 반영해야 할까?

사회가 변하고 있다는 사실을 의심하는 사람은 아무도 없을 것이다. 언어도 마찬가지로 모든 시간대에 고정되어 있지 않다. 언어학자와 언어 전문가에 따르면 언어는 오랜 세월 동안 인위적인 기호와 규칙으로 세워진 하나의 체계다. 그래서 중세 시대의 언어는 현재 우리의 것과는 많이 다르다. 그런데 몇 년 전부터 언어를 특정 방향으로 발달시키기 위해 인간이 언어에 적극적으로 개입해야 하는지에 대해 논의하고 있다. 한 예로 여러 전문가, 활동가, 정치가 그리고 출판인 모두 《말괄량이 삐삐》에 나온 단어 '까만 왕'을 '남태평양 왕'으로 바꾸었다. 이처럼 독일에서도 마시멜로에 초콜릿을 입힌 과자 '까만 키스'가 '초코 키스' 또는 '부끄러운 키스'로 바뀌었다.

'외국인'이라는 용어는 대체 누구를 가리키는 걸까? 이것이 피난민, 난민, 외국 이민자, 외국 이주민을 의미하는지 자문해 본 적이 있는가? 남녀를 구분하지 않고 대학생을 가리키는 단어 StudentInnen, Student_innen, Student*innen[*], Studierende[**] 가운데 어느 것이 더 좋은 걸까?

이제 독자들은 정치적으로 올바른 용어 사용에 대한 논쟁 한

---

[*] 독일에는 대학생을 가리키는 용어로 남성명사 단수 Student, 여성명사 단수 Studentin, 남성명사 복수 Studenten, 여성명사 복수 Studentinnen이 있다. 오늘날에는 남녀 성 구별이 없는 복수 형태를 Student+Innen/_jnnen/*innen 등으로 표시한다.

[**] 동사 '공부하다'인 studieren에 d(현재형 어미)와 e(명사형 어미)를 붙여 '대학에서 공부하는 사람'이라는 의미로 쓰인다.

가운데에 서 있다. 정치적 올바름(Political Correctness)*, 줄여서 PC는 원래 미국에서 시작되었다. 독일에서는 이 용어가 1990년대부터 뜨거운 논쟁거리가 되었다. 어떤 사람들은 언어가 사회 변화에 반응하고 올바르게 재생산해야 한다고, 그래서 소수자와의 대화에서 공감과 포용력이 중요하다고 주장한다. 그리고 상대방과의 대화에서 존중을 표하고 오해를 없애기 위해 단어를 신중하게 선택해야 한다고 말하는 것이 잘못인가?

이에 대한 비판가들은 정치적 올바름이 사람들에게 특정한 도덕 기준, 규범을 강요한다고 주장한다. PC가 표현의 자유 원칙에 반하는 통제 수단이라고 보는 것이다. 무엇보다 정치적 올바름은 말과 행동의 자유로운 사용에 제동을 걸고 있다는 시각이다. 비판가들에게 PC는 우리 시대를 지배하는 이데올로기일 따름이다.

소수자의 표현의 자유

유럽 역사를 살펴보면 언론의 자유와 표현의 자유는 서로 결합되어 불가분의 관계가 되었다. 존 스튜어트 밀은 언론과 표현의 자유 간의 특별한 관계에 주목했다. 한 나라 안에서 언론의 자유도가 높을수록 정부는 개인의 권리를 더욱더 보호해야 한다. 왜냐하면 누구나 자신의 의견을 자유롭게 표명하고 책으로 출판해도 된다면, 잘못된 의견, 거짓말, 소문이 확산되는 것도 막을 수 있어야 한다. 그렇기 때문에 민주주의에서 표현의 자유를 최대한 보장하기 위해서는 개인의 권리가 최대한 보호받아야 한다. 무엇보다 소수자의 권리가 그래야 하고, 장애가 있

---

*인종, 성별, 피부색, 출신, 종교가 다르다는 이유로 소수자에게 편견이 담긴 표현을 사용하지 말 것을 종용하는 운동.

는 사람들과 이민자, LGBTQI** 사람들도 권리를 보호받아야 한다. 소수자는 언제나 차별받을 위험에 노출되어 있기 때문에 사회는 편견이 조장, 강화되지 않도록 살펴야 한다.

차별과 편견의 언어는 안 돼!

사람들은 일상에서 벌어지는 인종차별주의에 대해 수없이 논하고 글을 쓴다. 하지만 인종 차별적인 말과 행동이 정확히 무엇인지를 말하기가 쉽지 않다. 설령 이에 대한 정의가 간단하게 보일지라도. 그래도 정의해 보자면 인종 차별적인 행동이란 피부색이나 민족을 들먹이면서 사람을 깔보고, 경시하고, 해를 끼치는 행위라 할 수 있다. 인종차별주의는 물리적 폭력과 신체 공격으로까지 나아갈 수 있다.

일반적으로 차별은 사회 전체에 퍼져 있다. 다시 말해 민족과 피부색이 다르다는 이유로 차별당하는 사람들은 눈에 잘 띄지 않고, 교육 수준도 높지 않으며, 성공 기회도 적다. 평균적으로 이들에 대한 신뢰도도 낮다. 인종차별주의는 특히 사회적 편견과 개인의 불신에서 비롯된다. 예를 들어, 낯선 사람에 대한 두려움은 방어적 태도와 소수자를 배제하는 행동으로 이어진다.

**레즈비언(Lesbian), 게이(Gay), 양성애자(Bisexual), 트랜스젠더(Transgender), 퀴어(Queer), 간성(Intersex)을 말한다.

반대 의견
정치적 올바름은 배타적이고, 엘리트 중심적이고, 도덕주의다

사회가 정한 울타리 안에서만 자신을 표현할 수 있다면 당연히 혼란스러울 것이다. 당장 작가, 기자 그리고 온갖 종류의 저술가는 어쩔 줄 몰라 할 것이다. 자신의 이야기를 어떻게 풀어내고, 이를 위해 어떤 단어를 사용해야 하는지를 사회가 일러줘야 할까? 또한 정치적 올바름이라는 압박감 속에서 글을 써야 한다면, 구속과 제약을 느낄 수밖에 없을 것이다. 그럴 경우 소수자와의 교류만이 위축되는 것은 아닐 것이다. 이뿐만 아니라 언어에 대한 도덕적 논의가 끊임없이 이어질 것이다. 이는 결국 정치적 올바름에 맞서는 결정적인 논거가 될 가능성이 높다. 즉, 도덕적 이유들 때문에 언어가 변해야 한다면, 교육 수준이 높은 사람들이 시작한 정치적 올바름은 결국 배타적이고, 엘리트 중심적이라는 비판을 받게 될 것이다.

프랑스 사회학자 피에르 부르디외는 언어가 사회적 불평등을 반영한다고 말했다. 심지어 '말하기' 행위를 통해 사회적 차이가 계속 만들어지고, 사회적 불평등이 지속될 거라고 보았다. 또한 모든 사람이 특정 상황에서는 '옳은 말'을 할 수 있다고 한다. 이런 능력 대부분은 성장 환경에서 길러지기 때문에, 모든 사람들에게 '외국인'이란 말을 쓰지 말라고 강요할 수 없다. 자기 환경에서 '외국인'이란 말을 일상에서 별 탈 없이 사용했다면, 이 말이 적절하지 않다는 것을 알 수는 없을 테니 말이다. 물론 관용과 정치적 올바름의 언어는 배울 수 있다. 이를 위해 특정한 경험과 배움의 기회가 주어져야 한다. 만약 자기 환경에서 소수자에 대한 관용과 정치적 올바름의 언어를 배울 기회를 전혀 갖지 못한다면, 정치적 올바름에 다가서는 일은 불가능하기 때문이다. 여기에 하나 덧붙이자면, 정치적 올바름을 비판한다고 해서 인종차별주의자 혹은 편협한 사람이 되거나 다른 사람을 차별하는 사람이 되는 것도 아니다.

찬성 의견
정치적 올바름은 소수자를 위한 운동일 뿐이다

정치적 올바름의 언어는 억압의 수단이 아니다. 오히려 정반대다. 대학생 'StudentInnen'을 언급하는 사람은 이 단어가 여학생, 남학생을 포함할 뿐만 아니라 남녀의 성을 드러내지 않는 여러 부류의 대학생을 가리키고 있다는 것을 알고 있다. 정치적 올바름이 말하고자 하는 것은 여성이 더 이상 언어적으로 억압받지 않게 하기 위함이고, 눈에 잘 띄지 않는 존재로 보이지 않게 하려는 것이다. 이것이 어째서 표현의 자유에 어긋난다는 것일까? '외국인'이라는 용어보다는 '타국에서 온 이민 배경을 가진 자'라고 말하는 사람들이 있다. 이들은 소수자가 출신이 다르다는 이유로 언어에서 억압받지 않게, 경멸받지 않게 하려고 애를 쓴다. 정치적 올바름의 언어에서는 사회와 소수자 간의 관계가 중요하다. 소수자를 존중하는 언어를 쓰고 싶은가? 아니면 소수자를 차별하고 싶은가? 조심스럽게 단어를 선택하는 사람은 자신의 도덕을 다른 사람에게 강요하기보다는 소수자가 모욕과 비난을 받지 않도록 노력한다. 누구나 이를 기본권으로 인정하며 원하지 않을까? 존중과 공감은 거의 모든 대화에서 필수 요소다. 그런데 대화에서 왜 정확한 단어를 선택하지 않으려고 하는 걸까? 비록 종종 실수를 하거나 정확한 단어를 알지 못해도, 대부분의 사람들은 가능하면 정확한 단어를 사용하려고 애를 쓴다. 정치적 올바름의 언어는 결국 억압에 저항하는 수단이지, 다른 사람을 검열하기 위함이 아니다. 이뿐만 아니라 정치적 올바름의 부정적인 측면을 비판적으로 볼 수도 있을 테지만, 본래 의도는 소수자가 차별받아서는 안 된다는 것이다. 결론적으로 정치적 올바름에서 중요한 것은 인간의 기본권이다.

기자는 정기적으로 다음과 같은 질문을 스스로 던져야 한다.

만약 소수 민족 출신 범죄자가 일으킨 사건을 보도할 경우, 범죄자의 출신을 언급해도 될까?

또는 범죄자의 출신을 밝히면서 소수자에 대한 편견을 부추기거나 재확인해도 되는가?

범죄자의 이름을 밝히지 않는 것이 흔히 당연하다고 여기지만, 범죄자의 출신을 밝히는 문제는 여전히 뜨거운 감자다. 독일 언론 강령에는 다음과 같은 조항이 있다. "범죄 사건을 보도할 경우, 용의자 또는 피의자의 민족적, 종교적 또는 소수자와 연관된 신상을 언급함으로써 개인의 범죄 행위가 차별의 일반화로 이어지지 않도록 유의한다. 정당한 공익이 있지 않는 한 신상은 원칙적으로 밝히지 말아야 한다. 신상 공개가 소수자에 대한 편견을 부추길 수 있다는 사실을 특히 명심해야 한다."

여기서 중요한 질문: 범인의 신상 공개가 공익에 부합할 때가 있을까? 만약 있다면 언제인가?

"넌 어디 출신이니?"

사람의 피부색, 외모, 말투를 보고 출신을 물어봐도 될까? 당신의 피부색이 좀 어둡다고 해서 "너 어디 출신이니?"라는 질문을 받은 적이 있는가? 당신이 태어난 나라에서 이런 질문을 받은 적이 있는가?

여기서 중요한 질문: "너 어디 출신이니?"라는 질문이 당신에게 인종 차별적으로 들리는가? 아니면 별 상관없는가? 정말 피부색이 달라 정확한 출신에 대해 묻는 거라면? 아니면 질문 방식에 따라, 당신과 질문자 간의 관계가 어떤지에 따라 답이 달라지는가? 또는 알고 싶은 것을 어떻게 질문하든 상관없이 누구에게나 자유롭게 질문할 수 있는 건가?

3

조롱

01. 타인을 조롱해도 될까?

4월이야, 4월이라고! 넌 정말 내가 입양아라고 믿었던 거야? 내가 우연히 부모님 비밀 서랍에서 입양 서류를 발견했다는 걸 진짜 믿었던 거야? 와, 너 진짜 속았구나!

4월 1일에는 다른 사람을 놀려먹는 전통이 있다. 이날에는 친구든, 지인이든, 잘 모르는 사람이든 맘먹고 놀려먹거나, 깜짝 놀라고 아연실색할 만한 이야기를 꾸며내거나 생뚱맞은 뉴스를 전하곤 한다. 친구 사이라면 이런 장난은 경우에 따라 일 년 365일 내내 할 수도 있다. 친한 친구와는 서로 놀려먹는 일이 다반사일 텐데, 분위기 좋고 놀림받는 친구가 그저 웃어넘겨 준다면 별일 없다. 이처럼 만우절의 핵심은 웃음이다. 그래서 만우절은 나중에 모든 상황이 밝혀지고 모두가 웃어야 비로소 의미가 있다.

또한 4월 1일은 유머와 웃음이 얼마나 중요한지를 사회가 기억하는 날이다. 놀려대는 장난을 치는 사람이 있는가 하면, 놀림받는 사람도 있다. 이론적으로는 다른 사람뿐만 아니라 자기 자신도 놀려댈 수 있어야 한다. 물론 현실에서는 대부분 자신보다는 다른 사람을 더 많이 놀려댄다. 종종 놀림받는 일이 고통이 될 수도 있다. 무엇보다 늘 똑같은 사람이 놀림받을 경우 고통은 배가된다.

어떤 이가 혹은 어떤 집단이 언제나 특정인만을 웃음거리로 삼는다면, 그건 왕따다. 특정인은 놀림받거나 조롱당하고 있다고 느낄 것이다. 자존심이 상한 그는 굴욕적이라고 생각할 것이다. 왕따를 시키는 이유는 다양하다. 예를 들면, 친구가 매우 적거나 전혀 없을 경우가 그렇고 비만과 가난, 직업과 출신, 사투리나 외국인 억양, 특이한 의견이나 주장 등이 이유가 될 수 있다. 왕따는 물리적, 심리적 폭력의 형태로 드러나고 인격권*을 침해할 때까지 지속된다. 누군가가 온라인상에서 당신에게 알몸 사진을 보내라고 요구한다면, 이런 행위는 문제의 소지가 크다. 만약 그 사진을 다른 곳에 공개한다면, 이는 당신의 인격권을 침해한 것이다.

왕따 피해자가 자살하는 경우도 있다. 이러한 극단적인 사례들을 보면 많은 사람들이 왜 그토록 남의 조롱거리가 되는 것을 두려워하는지 알 수 있다. 그런 이유 때문에 자신이 조롱의 대상이 되는 것보다 다른 사람을 조롱하는 쪽을 택하는 것이다. 아니면 다른 사람들을 조롱할 수밖에 없는 개인의 문제라도 있는 걸까?

사고 실험

장난이 도를 넘은 경우

- 선생님은 조만간 시험이 있다고 알렸다. 학생들은 시험을 준비했다. 그런데 정작 시험이 치러지지 않았다.

- 누군가가 어떤 사람의 죽음을 장난으로 꾸며낸다면, 이를 두고 마냥 웃을 수는 없지 않을까? 아니면 특정한 상황에서는 웃을 수 있을까?

- 누군가가 자신을 돋보이게 하기 위해 계속해서 다른 이의 실수를 놀려먹는 경우.

---

*인격을 형성, 유지, 보호받을 수 있는 권리로, 만약 인격적 이익에 간섭하거나 강요받을 경우 이를 거부할 권리도 포함되어 있다.

- 잠자리를 갖기 위해 연애나 사랑에 관심 있는 척하는 경우, 잠자리를 가진 다음 주변에 이를 이야기하거나 은밀하고 부끄러운 부분을 떠벌리는 경우.

- 어떤 이가 질병(B형 간염이나 에이즈)을 숨기고 있다고 발설하는 경우로, 설령 나중에 경솔한 나쁜 장난으로 밝혀지더라도 그 소문은 쉽사리 사라지지 않는다.

이런 장난은 분명 선을 넘은 거겠지?

누군가를 웃긴다는 것은 때로 권력의 문제일 수 있다. 예를 들어, 왕정 국가에서는 왕을 놀려먹는 일이 공식적으로 금지된다. 왕국의 최고 권력자를 직접적으로 비판해서는 안 되고, 모욕을 해서도 안 된다. 그럼에도 감행할 경우, 불경죄로 쥐도 새도 모르게 처벌을 받을 수 있다. 예외인 사람은 궁정 광대뿐이다. 중세에 광대들은 여러 왕궁에서 특권을 누렸다. 그들은 '미친 자'들로 치부되었기 때문에 누구도 허용되지 않았던 것을 말할 수 있었고, 행동할 수 있었다. 실제로 그들은 '광기 어린' 사람들이었고, 그래서 욕을 해도 되는 특권을 얻었다. 궁정 광대는 왕의 웃음을 담당했고, 동시에 왕의 잘못도 지적해야 했다. 궁정 광대는 시중을 들어주는 하인들을 거느릴 수 있었고 상대적으로 풍족한 삶을 살았다. 현대 역사가들은 궁정 광대가 무엇보다 권력자에게 세계와 삶의 무상함을 상기시켜 주었다고 말한다. 궁정 광대는 왕에게 겸손을 촉구했고, 왕의 삶과 권력은 한계가 있다는 것을 지적했다고 한다. 실제로 궁정 광대는 왕과 지배층에게 웃음을 제공하는 임무가 있었다. 말하자면 진지한 임무를 지닌 익살꾼이었다.(종종 궁정 광대의 역할을 궁녀가 맡기도 했다.)

유럽 궁정에서 광대는 오래된 전통이었다. 900년 전 처음에는 왕에게 즐거움을 주는 오락 전문가로 출발했다. 그 후 중세 시대의 궁정은 오락 문화를 제공하는 예술가들의 중심 공간으로 발전했다. 지배자들이 자신의 여가 시간을 즐기고 싶었기 때문이다. 유럽 전역의 왕들과 영주들 사이에서는 최고의 여가를 즐기기 위한 경쟁이 벌어졌다. 그래서 교육과 훈련을 받은 광대들이 증가했다. 동시에 광대가 해야 할 일도 늘어갔다. 광대라면 다양한 이야기를 들려주고, 노래하고, 춤출 수 있어야 했고, 악기도 다룰 줄 알아야 했다. 특히 왕과 지배층에게 수준 높은 즐거움을 선사하는 일이 관건이었다. 그래서 뛰어난 지성이 필요해지게 되었다. 궁정 광대의 영향력과 가치는 계속 커져 그들 중 어떤 이들은 왕과 왕후에게 중요한 정보와 조언을 전하는 인물이 되기도 했다.

민주주의 사회에서 정치인과 정부 관료 들을 놀려대는 일은 다반사다. 유명 인사를 조롱하는 수많은 캐리커처와 조롱이 온갖 일간지에 실리고 온라인에 업로드된다. 잡지로는 〈타이타닉(Titanic)〉이 있고,

풍자 웹 사이트로는 '데어 포스틸론(Der Postillon)'이 있으며, 정치 풍자 방송 매체로는 '호이테 쇼(Heute show)', '엑스트라 3(Extra 3)'이 있다. 프랑스 대통령을 수행한 프랑스 작가 야스미나 레자(그녀의 희곡 《대학살의 신》은 영화로 더 유명해졌다)는 어느 날 사르코지를 "블링 블링 대통령"이라 불렀다. 그 뒤로 대중은 대통령을 항상 그렇게 불렀다. '블링 블링'은 사치스러운 라이프 스타일과 명품을 좋아하는 성향을 내포한 말이다. 세계적인 가수 카를라 브루니와의 내연 관계는 이런 이미지를 증폭시켰다. 베를루스코니 이탈리아 대통령은 2010년부터 미디어에서 한동안 '붕가 붕가 대통령'이란 별칭으로 불렸다. 방탕하고 탐욕스러운 삶, 섹스 파티를 즐겼던 그의 생활은 널리 알려져 있다. 앙겔라 메르켈은 '무티(Mutti)*'라는 재미있는 별칭을 갖고 있을 뿐만 아니라, 그녀가 두 손을 모은 모습을 보고 사람들은 '권력의 마름모'라고 놀려댔다.

사고 실험

누구나 재미있는 사람일까?

"재미있는 이야기 좀 해봐!"

우리 모두 한 번쯤 이런 요구를 받은 적이 있을 것이다. 하지만 누구나 재미있는 이야기를 하기는 힘들다. 어떤 이는 타고난 재능이 있는 반면, 다른 이는 너무 부끄러워서 못하고, 또 다른 이는 아예 재능 자체가 없다. 이야기를 재미있게 하는 법을 배우는 게 정말 가능할까?

---

*Mutter의 애칭으로 '엄마', 또는 '엄마처럼 보이는 여자'라는 뜻.

세계 어느 곳을 보더라도 코미디와 풍자가 없는 정치와 문화를 생각할 수 없다. 적어도 서구 민주주의 입헌 국가에서는 그렇다. 그에 반해 독재 국가에서 언론 매체는 독립을 보장받지 못한다. 이는 언론과 표현의 자유가 제한받고 있다는 것을, 즉 검열을 받고 있다는 것을 의미한다. 정부에 대한 공개적인 비판과 정치 풍자가 금지되어 있다는 것은 독재 국가임을 보여주는 전형적인 증표다. 독재 체제에서는 정부의 정치적 신념과 가치에 이의를 표하는 자는 검열을 당하고, 정부 방침과 다른 입장을 가졌다는 이유로 처벌받고 기소될 수 있다. 이성과 지식을 목표로 했던 계몽주의 이후부터 유머와 풍자의 권리를 보장받기 위한 수많은 투쟁이 있었다. 18세기에는 정치와 종교를 조롱했다는 이유로 감옥에 투옥되거나 추방되고, 심지어는 사형을 당할 수도 있었다. 오늘날 자유민주주의 국가에서는 미디어가 언론과 표현의 자유를 누리고 그 권리가 광범위하게 적용되고 있다. 물론 국가와 국민 그리고 표현의 자유 사이에는 자주 갈등이 발생한다.(1장 '거짓'과 2장 '도발' 참고)

사고 실험

왜 다른 사람을 놀릴까?

왜냐면···

- 주목받으려고
- 예술에 관심을 갖게 하려고
- 정치에 관심을 돌리기 위해
- 다른 사람에게 상처 주려고
- 돈을 벌기 위해
- 다른 사람을 웃기기 위해
- 누군가를 한 방 먹이려고
- 자학 개그를 위해?

02. 대통령도 조롱 대상이 될 수 있나?

2016년 3월 31일 독일 풍자 작가 얀 뵈머만은 방송에서 튀르키예 대통령 레젭 타입 에르도안을 겨냥한 시 한 편을 낭독했다. 튀르키예 대통령은 과거에 독일 방송 매체 〈엑스트라3〉의 풍자쇼에서 다룬 내용 때문에 분개한 적이 있었다. 이날 뵈머만이 장난 섞인 풍자시를 읊어댄 이유는 튀르키예 대통령의 분노에 대한 일종의 응수였다. 또한 외국 정상을 어느 선까지 놀려야 처벌을 받는지 실험하는 무대이기도 했다. 질문은 바로 이거다. '풍자에서 허용되는 것은 무엇이고, 선을 넘은 풍자란 어떤 것인가?'

이런 맥락에서 뵈머만은 튀르키예 국가 원수를 '염소랑 성교하는 놈'이라고 묘사했다. 이는 정상적인 상황에서는 처벌이 가능한 모욕이었고, 소위 가학적인 비판이다. 끝내 뵈머만의 도발은 국가 간 스캔들이 되고 말았다. 튀르키예는 '외국 정상과 기관을 모욕했다'는 이유로 정식으로 소송을 냈다. 구체적으로 말하면, 뵈머만은 오래전에 제정된 독일 법령 '불경죄' 조항을 근거해 불경죄로 독일 법원에 고발당한 것이다. 앙겔라 메르켈은 직접 나서 정치적인 선을 그었다. 뵈머만의 풍자시는 법정에서 다투어야 할 사안이지, 연방정부가 관여할 바가 아니라고 분명히 했다.

법적 다툼에서 쟁점은 두 가지였다. 뵈머만의 변호인은 표현의 자유를 들어 변론했고, 튀르키예 측은 일반 인격권을 논고했다. 판결에 따르면, 풍자시 전체가 금지되지 않았지만, 24행 가운데 18번째 시행은 공개가 불허되었다. 2017년의 법원 판결은 단호했다. 인격을 무시하는 모든 진술은 금지한다는 것이었다. 그 외에 튀르키예 대통령의 행동과 연관된 시행은 허용되었다. 하지만 2018년 불경죄 조항이 독일에서 폐지되면서 뵈머만이 판정승을 거둔 것으로 보였다. 그의 가학적인 비판 덕분에 불경죄 조항이 더 이상 시대에 맞지 않다는 것이 분명해진 것이다. 어떤 정치 풍자가가 자신의 비판 때문에 법률 조항이 바뀔 거라고 생각이나 했을까?

　　　이제 '본디 풍자란 무엇이고, 코미디와 무엇이 다른가'라는 문제가 남았다. 의문스러운 부분이 있지만, 독일에서는 풍자로 공격받는 사람의 존엄성이 지켜지는 한, 모든 풍자가 가능하다. 풍자시에는 비판의 메시지가 전면에 드러나야 한다. 왜냐하면 풍자는 비판과 함께 대중에게 여러 폐해를 보여주고, 대중이 이 부분에 관심을 갖게 하는 것이 목적이기 때문이다. 풍자에서 아이러니, 극단, 과장은 주요 수단이긴 하지만, 반드시 필요한 것은 아니다.

　　　풍자는 반드시 웃길 필요가 없다. 오히려 비판이 중요한데, 이를 달리 표현하면, 세계에서 벌어지는 끔찍한 일과 직접 대면하는 것이 관건이다. 풍자의 공헌은 세계를 지금보다 더 낫게 만들 거라는 희망에 있다. 따라서 풍자인지 아닌지를 구별하는 기준은 이것이다. '세계를 좀 더 낫게 만드는 데 기여하는가?' 그러므로 진지한 메시지가 없는 풍자란 있을 수 없다. 재미만 즐기는 코미디와는 이 점이 다르다. 코미디는 금기를 무시해도 되고, 진지한 메시지를 담지 않아도 된다. 코미디는 오락으로 즐기면 된다. 코미디에서 중요한 것은 대중의 웃음이지, 대중의 생각이 아니다.

하지 말아야 할 풍자는?

- 잘못된 사실을 이용하거나 통계를 날조하는 것
- 무조건 깔보는 것
- 비판적 메시지 없이 금기를 무시하거나 깨려고 하는 것
- 사실이 그렇지 않다는 걸 알면서도 계속 조롱하는 것
- 아무런 폐해를 보여주지 않으면서 무턱대고 모욕하는 것

그 밖에 또 뭐가 있을까?

03. 언제부터 히틀러가 조롱 대상이 되었나?

대통령과 국가 정상을 풍자, 비판하는 것은 전혀 새로운 일이 아니다. 2010년 그리스 부채 위기가 심각해지자 유럽연합 국가들은 그리스의 파산을 막기 위해 뛰어들어야 했다. 당시 유럽연합과 메르켈은 그리스 금융 구제를 위해 엄격한 법 적용과 조건 이행을 요구했다. 당연히 메르켈을 비판하는 목소리가 터져 나왔다. 그리스 금융 구제가 시작되자 그리스와 튀르키예 미디어에서는 나치 군복을 입은 메르켈의 캐리커처가 돌아다녔다. 외국 미디어에서 막강한 국가의 정상을 비판적으로, 우스꽝스러운 캐리커처로 다뤄지는 일은 다반사다. 전 미국 대통령 도널드 트럼프와 전 영국 수상 보리스 존슨은 독일 미디어에서 언제나 끔찍한 모습으로, 풋내기로 묘사되는 것을 감내해야 했다. 2019년에 발간된 정치 풍자 소설 《바퀴벌레》(분명 프란츠 카프카의 《변신》을 염두에 둔 소설이다)에서 영국 작가 이언 매큐언은 보리스 존슨과 도널드 트럼프가 인간으로 변신한 바퀴벌레이지 않을까 의심했다.

20세기 국가 원수를 대상으로 한 첫 번째 대중적인 풍자는 코미디언 찰리 채플린의 작품에서 시작되었다. 그는 영화 〈위대한 독재자〉(1940)에서 히틀러를 풍자했다. 여기서 그는 히틀러의 권위적인 태도와 언행을 과장하여 우스꽝스럽게 보이도록 했다. 굳이 인격적으로 경멸하지 않고도 독일 독재자를 웃음거리로 만든 셈이다. 1930년대에 독일 나치당은 채플린을 적으로 규정하고, 유대인이 아닌데도 그를 '유대인 코미디언'이라고 불렀다. 채플린은 자기 나라에서 영화를 찍고 상영하는데도 수많은 저항과 비판에 맞서야 했다. 제2차 세계대전이 일어나는 가운데서도 미국에서는 히틀러의 정책에 동조하고 나치 이데올로기를 지지하는 유명 인사들이 있었다. 또 다른 사람들은 채플린의 흥행을 탐탁지 않게 여겼는데, 할리우드가 전쟁과 엮이는 걸 원치 않았기 때문이다. 어느 날 채플린은 처음으로 미국 대통령의 지지를 받게 되었다. 난관에 빠졌던 프로젝트를 계속 해나가기 위한 자신감과 함께 정치적 후원도 얻을 수 있었다. 〈위대한 독재자〉가 개봉하자 미국의 나치 조직원들은 폭력적으로 상영을 방해하려고 했다. 다행히 채플린의 영화는 흥행에 성공했다. 그렇다고 해서 그에게 위험이 줄어든 것은 아니었다. 1940년 당시 히틀러가 전격전으로 폴란드를 점령했기 때문이다. 이때만 해도 다가올 전쟁과 대량 학살에 대해 아는 사람은 아무도 없었다. 전쟁이 끝난 뒤 채플린은 말했다. "내가 만약 독일 강제 수용소의 공포를 알았더라면 〈위대한 독재자〉를 만들지 않았을 겁니다."

그렇더라도 그의 영화는 정치 풍자에서 획기적인 작품임에는 틀림없다. 이제 디지털 소통의 시대로 접어들고 있다. 이런 시대의 전환은 정치 풍자에 유리하다. 뉴스 전달이 예전보다 훨씬 더 빠르고 더욱더 단순해지고 있기 때문이다. 소셜 미디어에서도 정치 풍자는 새로운 차원을 경험하고 있다. 오늘날에는 더 이상 영화가 아닌 밈, 트윗과 동영상이 비판과 토론을 불러일으킨다.

해도 되나? 해야만 할까?

독일에서는 〈나의 총통님〉과 〈그가 돌아왔다〉와 같은 코미디 영화처럼 히틀러가 풍자 대상이 되어도 되는지에 대해서 토론이 벌어지고 있다. 하지만 여기엔 이미 오류가 있는 것 같다. 독일인이 히틀러를 풍자할 수 있는지, 아니면 히틀러를 풍자해야만 하는지를 먼저 질문해야 하지 않을까?

04. 홀로코스트를 풍자해도 될까?

넷플릭스의 풍자 시리즈 〈코미디 청문회(Historical Roast)〉 예고편은 "금기시되는 것도, 신성시되는 것도 없다"며 선전한다. 〈코디미 청문회〉는 역사 논쟁을 불러일으키고 있다고 소개한다. 클레오파트라, 에이브러햄 링컨, 마르틴 루서 킹 같은 역사 인물들을 비판적으로 그리거나, 시리즈 이름처럼 '탈탈 털어준다'고 한다. 한데 유대인 소녀 안네 프랑크의 에피소드에서는 대중을 둘로 극렬히 갈라놓았다. 안네 프랑크는 제2차 세계대전 기간에 암스테르담의 지하 은신처에서 숨어 있는 동안 유명한 일기를 남겼고, 나치에 의해 죽임을 당했다. 해당 에피소드에서 히틀러 재연 배우는 다음과 같이 말한다. "난 제2차 세계대전에 관한 수많은 보고서를 읽었지. 그 중 네 책이 가장 잘 타더구나." 그의 대사는 1933년 독일 나치당이 벌인 분서(焚書) 사건*을 암시한다. 암스테르담의 안네 프랑크 재단은 이 에피소드를 '저속한 풍자'라고 비판했다. 또한 네덜란드 정보 및 문서 센터는 잘못 제작된 방송이라고 비난했다.

〈코미디 청문회〉는 유대인 출신인 미국 코미디언 제프 로스가 제작했다. 이 제작자는 자신이 존경하는 인물들만 '턴다'고 말하면서 자신을 정당화했다. 사람들이 안네 프랑크의 역사를 잊은 것 같아 이를 풍자하기로 마음먹었다고 말했다. 또 다른 목적은 운명적인 역사와 안네 프랑크의 생애를 다시 기억하게 하고 싶다는 것이었다. 그는 덧붙이기를, 미

---

*나치 선전장관 괴벨스가 비독일인의 영혼을 정화시킨다는 명분 아래 1933년 5월 10일 각 대학에서 1만 8천여 권의 도서를 불태운 사건.

국에는 〈코미디 청문회〉가 오랜 전통을 갖고 있으며, 금기를 깨고 취향의 한계를 넘어서는 시도로 유명하다고 했다. 알다시피 취향은 늘 논쟁거리다. 그럼에도 이 에피소드 사건은 중요한 질문을 던진다. 모든 풍자를 허용해도 되는가? 아니면 제한이 있어야 하는가? 풍자 에피소드의 제작자와 에피소드의 주인공이 다른 민족이라면 이 질문의 답이 달라질까? 독일 나치당원의 후손이 이런 에피소드를 제작해도 되는 걸까? 풍자 제작자가 어떤 출신이든지 상관없이 의도한 대로 홀로코스트 희생자를 풍자해도 되는 걸까?

이 에피소드는 우연히 선택된 게 아니다. 안네 프랑크 풍자는 앞으로 특히 더 민감한 주제를 다루기 위한 맛보기일 뿐이다. 홀로코스트는 독일 역사에서 가장 암울한 사건이고, 이 참사를 조롱하는 것은 오랫동안 금기로 받아들여졌다. 어째서 600만 명의 학살 사건이 조롱 대상이 될 수 있는 걸까? 인간을 가장 끔찍하게 경멸한 민족 말살 사건을 감히 장난치듯 다루는 이유는 무엇인가? 이 질문 역시 복잡하고 정치적이다. 왜냐하면 홀로코스트를 인정하지 않는 사람들(소위 홀로코스트 부정론자들)도 있기 때문이다. 이러한 역사 부정을 공개적으로 하는 경우, 독일에서는 범죄로 고발될 수 있다. 홀로코스트에 대해 풍자할 경우, 역사적 사실을 부정하거나 사건의 의미를 축소하며 상대화하려는 정치적 의도가 숨어 있을 가능성을 완전히 배제할 수 없다. 이 주제가 정치적으로 폭발적이고 민감한 이유다.

그러면 코미디와 풍자가 할 수 있는 이야기는 무엇이고, 하지 말아야 할 이야기는 무엇일까? 개인일 경우 법적으로는 상당히 명확하다. 적어도 이론적으로 모욕과 풍자는 엄격하게 구분된다. 모욕은 개인을 의도적으로 깎아내리고 개인의 존엄성을 침해하는 반면에, 풍자는 맥락을 중요하게 여긴다. 인간의 존엄성을 직접 공격하고 있는 건가? 아니면 비판과 아이러니가 깃든 예술적 틀 안에서 풍자가 확연하게 표현되고 있는 건가? 물론 이론적으로 상당히 단순해 보이는 것이 현실에서는 설명이 불가능할 때가 종종 있다. 특히 폭력과 죽음의 문제를 다룰 때는 정말 복잡해진다. 누군가에게 저속한 것이 다른 이에게는 예술적 자유로 받아들여질 수 있다. 왜냐하면 풍자란 무엇이고, 풍자를 어떻게 구성해야 하는가의 문제는 개별 사례에서도 쉽게 판단 내릴 수 없기 때문이다. 궁극적으로 예술적 자유가 풍자에 적용되지만, 풍자가 어디서부터 시작되고, 특히 어디서 끝나는지는 보편적으로 말할 수 없다. 그저 누구나 풍자를 통해 비판할 수 있다고만 말할 수 있을 것 같다. 기독교인, 유대인,

이슬람인, 장애인, 여성, 남성 그리고 간성(intersex)* 모두 풍자의 권리를 갖고 있다. 동시에 이들 모두 명확히 잘못했을 경우, 풍자의 대상이 되어 비판받을 수 있다.

---

*염색체, 성 호르몬, 성기 등에서 남성 또는 여성의 특징이 명확하게 구분되지 않는 사람.

당신은 〈제정신이 아니야!〉라는 제목의 TV 영상을 제작해야 한다. 당신의 편집자가 둔기로 아기 물개를 괴롭히는 영상을 넣자고 제안한다.

당신은 어떻게 반응할 것인가? 그런 불편한 장면을 삽입하는 것이 괜찮다고, 영상 제작에 도움이 될 거라고 생각할까? 사람들 입가에 미소를 띠우기 위한 소재로 아기 물개가 적절할까? 아니면 단지 재미와 시청자의 웃음을 유발하기 위해 아기 물개를 괴롭히는 짓이 비난받아야 마땅할까? 설령, 영상에서 물개 사냥꾼의 냉혹함을 생생하게 보여줘야 한다 해도 굳이 아기 물개를 택해 괴롭혀야 할까? 코미디의 재미를 위해 아기 물개를 이용해도 될까? 풍자 때문에, 물개 사냥꾼을 비판하기 위해 아기 물개를 괴롭히는 장면을 넣어야 할까?

폭력과 죽음을 묘사하는 경우 종종 논쟁이 발생한다. 어느 정도까지 농담과 유머를 허용해야 할지를 두고 의견이 분분하다. 예를 들어, 자신의 가수 경력이 끝났다는 것을 보여주기 위해 십자가에 못 박힌 예수처럼 자신을 못 박은 캐리커처를 그려 배포했다. 그래도 괜찮을까? 이 풍자가 그리스도인의 종교적 신념을 손상시킬 수 있지 않을까? 대부분의 사람들이 예수 캐리커처를 별 무리 없이 받아들일 수도 있다. 이런 캐리커처는 미디어에 자주 등장하여 어느 정도 익숙할 수 있으니 말이다.

홀로코스트 희생자에 대한 농담을 어떻게 대처해야 할까? 어떤 조건에서 그리고 어떤 맥락에서 홀로코스트를 웃음의 소재로 삼을 수 있을까? 코미디언이 유대인이면 괜찮고, 비유대인이면 다를까? 유머는 출신, 국가, 문화에 따라 좌우될까?

05. 경계선에서 아슬아슬하게 조롱하다

소통을 거부하는 이들

사람들은 매일 인터넷을 통해 서로를 알아가고 만나기로 약속한다. 그런데 약속 장소에 나타나지 않는 사람이 있다. 돌연 무슨 일이 생겨 못 나올 수도 있다. 어째서 약속을 취소하지 않고, 그 어떤 메시지도 보내지도 않으면서 나타나지 않는 걸까? 다양한 사람들과 데이트를 하다 보면 메시지에 반응하지 않고 마치 죽은 듯이 지내는 사람도 있다. 그 사람은 분명 잠수를 탔다. 이것 역시 거부의 또 다른 표현으로, 갈등을 피하기 위한 한 방편이다. 말하자면 '너한테 별 관심 없어. 우리 사이에 무슨 일이 있었는지 알고 싶지도 않아.' 심리학적으로 이 말의 이면에는 다음과 같은 성향이 깔려 있다. 대부분의 사람들은 자신에게 의미가 있는 사람들하고만 교류하려고 한다는 것이다.

홀로코스트를 예술의 소재로 삼다

'정치적 아름다움을 위한 센터(Center for Political Beauty)*'는 도발적인 행위예술로 유명하다. 2019년 이 센터의 예술가들은 홀로코스트 희생자의 것으로 추정되는 유골을 베를린의 공공장소에 전시해서 엄청난 논란을 불러일으켰다. 망자의 영면을 방해하고 자신들의 목적을 위해 희생자를 악용한다는 거센 비난을 받았다. 유대교에서 희생자의 유골을 이용

---

*백여 명의 예술가와 크리에이터가 구성한 협의체로, 철학자이자 행위예술가인 필립 루흐가 이끌고 있다. 이들의 목표는 예술을 통해 인도주의와 인간 생명 보호에 관심을 불러일으키는 것이다.

하는 것은 망자의 안식에 관한 율법에 어긋난다. 센터 예술가들의 활동은 금기를 무시했을 뿐만 아니라 도덕의 경계선도 넘었다.

예술가들은 다음과 같은 이유를 들어 행위를 정당화했다. 자신들의 행위예술인 '기억의 포획'은 1933년 히틀러의 수권법을 기억하자는 의미였다고 말했다. 수권법이 독일 의회에서 통과되자 히틀러는 법률을 독단적으로 결의하고, 바이마르 공화국을 독재 국가로 만들 수 있는 권한을 갖게 되었다. 어쨌든 그들이 보여준 행위예술의 목적은 히틀러의 권력 장악을 다시 상기시켜 민주주의가 전복되는 일이 다시는 되풀이되지 않게 하려는 데 있었다는 것이다.

희생자 유골의 실제 사용 여부와 상관없이 예술 작품에 대한 대중의 저항이 거세지자 책임자들은 작품을 가려버렸다. 결국 관할 구청이 나서서 작품 철거를 요청했다. 이 돌발 사건은 예술, 종교 그리고 정치가 얼마나 골이 깊은 갈등을 야기할 수 있는지를 보여준다. 이처럼 금기를 건드리고 무시하는 특수한 경우에 다음과 같은 질문을 던질 수 있다. 예술에 허용할 수 있는 정치적 범위는 어느 정도인가? 예술은 도덕적 경계와 종교 율법을 무시해도 되는가? 위의 사례처럼 홀로코스트 희생자의 유골을 전시하는 것이 도덕적으로 납득할 만한 일일까? 홀로코스트 자체를 웃음거리로 만들고 경시해도 될까? 이런 전시가 생존자의 마음에 상처를 주는 것은

예술에서는 어느 선까지 정치적 표현이 허용되는가?

아닐까? 아니면 예술은 사람의 감정도 고려해야 할까? 예술이 무엇을 해도 되는지, 안 되는지를 종교 율법이 결정해도 되는 걸까?

자본주의 미디어에 길들여지는 현대인들

1980년대 미국의 미디어 평론가 닐 포스트맨은 저서 《죽도록 즐기기》에서 다음과 같이 말했다. '지속적인 텔레비전 소비가 사회를 우둔하게 만든다.' 심지어 이런 텔레비전 소비가 민주주의 파괴를 불러올 수 있다고 했다. 그는 문명 비판적인 견해를 내놓았다. 1967년에 프랑스 사회학자 기 드보르는 《스펙터클의 사회》에서 자본주의 소비 사회를 비판했다. 그는 자유주의 미디어 사회가 모든 것을 구경거리로 만들고 개인도 자기 자신을 구경거리로 연출함으로써 사회와 개인 모두 몰락하고 있다고 말했다.

소수자도 웃음의 소재가 될 수 있다?

다운증후군, 에이즈 감염자, 성폭행, 여성, 유색 인종, 동성애는 쉽게 조롱거리가 된다. 조롱하면 안 되는 걸까? 유럽과 미국의 일부 코미디언은 다음과 같은 원칙을 따른다. '정치적으로 올바르지 않을수록 더 좋다!' 당연히 권력자만 조롱, 비판당해서는 안 된다. 녹색당 유권자, 분노에 찬 시민, 사회 소수 집단들도 조롱 대상이 될 수 있다. 물론 소수자에 대한 차별과 폭력을 유발하고, 그들을 경시하기 위해 놀려먹는 것이라면, 이는 넘지 말아야 할 선을 넘은 행위다. 이런 놀림은 폭력적이고 차별적일 뿐만 아니라, 혐오를 조장한다. 따라서 표현과 예술의 자유는 혐오를 확산시키고 편견을 강화하는 데 사용되어서는 안 된다. 아니면 모든 것을 웃음의 소재로 삼을 수 있다는 원칙이 민주주의에서 정말 중요한 걸까?

리벤지 포르노

사전 동의 없이 다른 사람의 사진을 유포해서는 안 된다! 이것은 인격권만 훼손하는 것이 아니다. 알몸 사진이나 부끄러운 상황에서 촬영된 사진을 공개했다면, 이는 왕따를 넘어선 범죄일 수 있다. '리벤지 포르노'란 연인 관계가 끝났다는 이유로 이전에 서로 공유한 알몸 사진이나 동영상을 공개하여 복수하는 것이다. 화나고, 실망하고, 상처를 입어서 복수했다고 해도 이런 행동은 관련된 모든 사람에게 큰 상처를 줄 뿐만 아니라 처벌 대상이다.

엔터테인먼트가 민주주의를 위협할 수 있을까?

지나치게 허무맹랑한 엔터테인먼트가 있을까? 그리고 우리는 죽을 때까지 즐길 수 있을까?

아니면 이런 비판이 완전히 과장됐나? 풍자와 엔터테인먼트는 우리 민주주의가 제대로 돌아가고 있다는 가장 좋은 증거일까?

좋은 풍자를 구분하는 기준

- 비판적 메시지를 분명히 알아볼 수 있는가?
- 선과 악을 구분할 수 있는가?
- 그저 업신여기고 얕잡아 보기 위해 놀리는 것은 아닌가?
- '적'을 풍자할 때도 대의와 배려가 있는가?
- 유머가 지적인가, 천박한가?
- 풍자의 대상자가 차별받는다고 느끼는가?
- 무방비인 누군가를 얼마나 공격하고 있는가?
- 소수자를 희생 제물로 삼아 놀려대고 있는 건 아닌가?
- 어떤 금기를 무시하고 있는가?

4

혐오

01. 혐오와 사랑은 서로 붙어 있다?

16세의 막시밀리안은 독일 함부르크에서 산다. 그는 계단, 잡담, 느린 와이파이 그리고 아무런 결론도 내지 못하고 한없이 늘어지는 정치 토론을 싫어한다. 마리아도 16세, 그녀는 라이프치히에서 살고 있다. 그녀 역시 계단, 잡담, 느린 와이파이는 물론이고 양파 써는 것을 싫어한다. 두 사람이 정말로 참을 수 없는 것은 바로 아이폰 iOS 업데이트. 데이트 앱 '헤이터(Hater)'에서 이 두 사람은 연결될 가능성이 높다. 왜냐하면 헤이터는 파트너를 찾는 사람들 가운데 싫어하는 것이 비슷한 사람들을 연결해 주기 때문이다. 원래 미국 코미디언의 농담에서 시작된 이런 생각은 마침내 사업 모델로 구현되었다. 이 사업 모델의 이면에는 좋아하지 않은 것들이 서로 비슷할 경우 사람들은 유대감을 느낄 수 있다는 생각이 깔려 있다. '헤이터'는 파트너를 찾는 사람들 가운데 혐오하는 것, 선호하지 않은 것이 서로 엇비슷한 사람들을 이어준다. 이들에게는 견딜 수 없을 정도로 혐오하는 것이 있다는 공통점이 있다. 혹시 혐오는 사람들을 연결시켜 주는 힘이 있는 걸까?

서로가 무언가를 좋아하지 않는다

는 공통점을 발견한다

면 관계가 가까워질 수

있다. 서로 비슷한 점을 발견할 경우에도 유대감이 생길

수 있다. 누구나 다음과 같은 경험을 해본 적이 있을 것이다. TV 시

리즈나 책 같은 어떤 것에 관하여, 또는 제3자에 대하여 서로 의견이 같

다는 사실을 발견하면 낯선 사람과도 유대감을 느낄 수 있다. 이 유대감

이 사랑을 위한 전제조건으로 충분한지, 헤이터 사업의 성공 열쇠가 될지

는 두고 볼 일이다. 물론 혐오와 사랑이 서로 밀접하다는 과학적 단서는

있다. 영국 유니버시티 칼리지 런던의 뇌 연구가 세미르 제키와 존 로마

야는 2008년 사랑할 때 반응하는 뇌의 두 영역이 혐오할 때도 똑같이 반

응한다는 사실을 밝혀냈다. 당연히 사랑과 혐오는 완전히 다르다. 하지만

뇌에 대한 이 통찰은 두 가지 감정 상태가 왜 그렇게 강렬하고 극단적일

수 있는지를 잘 설명해 준다. 이를 통해 두 명의 과학자는 적어도 사랑과

혐오의 감정이 시로 닮았다는 것을 설명해 줄 수 있다고 말한다.

철학자 르네 데카르트는 혐오를 여섯 가지 주요 감정에 포함시

켰다. 1649년에 출간한 《정념론》에서 그는 인간의 감정을 분석했다. 여기

서 데카르트는 육체 상태와 영혼 상태를 구분한다. 그에게 가장 중요하고

근원적인 감정은 사랑, 혐오, 기쁨, 슬픔, 경이 그리고 욕망이다. 그는 모

든 인간이 여섯 가지 감정을 체험한다고 말했다. 데카르트는 혐오가 도덕

적으로 나쁘지만 동시에 쓸모가 있다고 한다. 혐오 때문에 인간은 해로

운 것과 위험한 것을 피할 수 있다는 것이다. 또한 생각과 행위의 방향을

가리키는 혐오의 이정표 역할은 우리에게 도움이 된다고 한다. 데카르트

에게 혐오는 사랑의 반대말이다. 말하자면 혐오는 밀어내는 반면에, 사랑은 끌어당긴다. 비록 사랑이 더 복잡하고 다층적일지라도, 데카르트에게 혐오와 사랑은 대등한 대립 감정이다. 그럼에도 그는 이 두 감정이 서로 닮았다고 본다. 예를 들면, 이 두 감정은 맥박을 크게 뛰게 하고, 두 감정에 휩싸일 때는 자제력을 잃어버리는 경우가 많다. 이뿐만 아니라 사랑이 혐오가 될 수 있고 혐오는 사랑으로 변할 수도 있다. 심지어 짧은 시간 안에 뒤바뀌는 경우도 종종 있다.

02. 혐오는 어떻게 생겨나나?

혐오는 사랑, 희망, 호감처럼 일상적인 감정이다. 혐오가 감정이라는 것은 당연한데, 그러면 혐오는 어떻게 생기는 걸까? 대부분의 경우, 어떤 것이나 누군가에게 반감을 갖고 비난할 때 혐오가 생기기 시작한다. 반유대주의에 대한 혐오를 예로 들 수 있다. 반유대주의적 입장을 가진 사람들은 유대인들이 전 세계에 너무 많은 영향력을 행사하고 있을 뿐만 아니라, 돈만 밝히고 권력을 탐하며, 교활하고 악의적이라고 생각한다. 만약 유대 민족 전체를 그렇게 생각하고 거부하는 것이라면, 이는 분명 비이성적인 감정과 연관이 있다. 왜냐하면, 전 세계가 단 하나의 민족에게 위협받고 농락당하고 심지어 공격받는다는 생각을 어떻게 이성적으로 인정할 수 있단 말인가. 유대인 혐오, 말하자면 반유대주의는 비이성적인 두려움, 질투, 불신이 뒤섞여 있을 때가 많다.

혐오의 감정이 생기기 전에 먼저 주제, 사람, 집단과의 특별한 관계가 있어야 한다. 일상에서 있을 법한 예를 하나 들어보자. 만약 어떤 선생님이 나를 별로 좋아하지 않아서 내 점수가 저조하다고 느낀다면, 선생님과 나는 특별한 관계가 만들어진다. 이런 관계에서는 자신이 불이익을 당하고 불공평하게 대우받는다고 느낄 것이다. 이런 감정이 오래 지속되면 실망, 절망, 분노와 더불어 어느 순간에 혐오감이 생길 것이다. 또어떤 수학 선생님이 한 학생을 부당하게 대한다면, 아마도 그 학생은 수학 과목에 완전히 흥미를 잃게 될 것이다. 이런 경험은 수학 전체를 혐오하게 만들 수도 있다. 더 나아가 앞으로 만날 모든 수학 선생님을 혐오하게 될 수도 있다. 이처럼 개인의 혐오는 한 개인에서 다른 영역으로 그리고 다른 사람들에게로 옮겨갈 수 있다.

　　당신은 누군가에게 심한 짓을 가하는 상상을, 심지어 누군가를 살해하는 상상을 해본 적이 있나? 염려하지 마라, 당신만이 아니라 엄청나게 많은 사람들이 이런 상상을 한다. 그리고 때로는 한결같고 온순한 성격의 사람들이 잔혹한 범행을 저지르고 싶은 충동을 느끼기도 한다. 이런 사실은 미국 심리학자 데이비드 버스가 일련의 연구에서 밝혀냈다. 연구 결과는《이웃집 살인마: 진화심리학으로 파헤친 인간의 살인 본성》이라는 책으로 나왔다. 전 세계 사람들을 대상으로 한 설문 조사에 따르면, 남성의 91퍼센트, 여성의 84퍼센트가 타인을 살해하는 공상을 한 번쯤 했다. 이 공상은 당연히 한순간의 감정이고 생각일 뿐이다. 하지만 이런 감정과 생각은 살인에 대한 공상이 사람의 내면에 얼마나 침잠해 있는지를 명확히 보여준다.

자신을 혐오할 수 있을까?

만약 혐오가 외부가 아닌 자기 내면으로 향한다면, 이는 자기혐오다. 자기혐오가 깊어지면 자해, 자살 시도, 결국에는 자살로 이어질 수 있다. 물론 대부분의 사람들은 자기 생명에 부정적인 영향을 끼치지 않을 정도로만 자기혐오를 품고 산다.

당신은 어떻게 생각하는가? 자기혐오는 건강에 좋지 않기 때문에 무조건 피해야 할까? 아니면 자기혐오는 (생명을 위협하지 않는 한) 자기 자신을 무조건 좋아하지만은 않는다는 사실을 알려주므로 좋은 측면도 있는 게 아닐까? 그래서 자기혐오는 자신의 행동을 바꾸고 상황을 전환하는 시작점으로 삼을 수 있지 않을까?

03. 정치적 혐오란 무엇일까?

정치적 혐오는 흔히 친구-적이라는 명확한 구도로 이해되며, 이를 잘 보여주는 프로파간다가 바로 '우리는 반대한다!'이다. 말하자면 무리를 지어 표출하는 집단적 혐오이다. 친구라면 서로 동맹을 맺을 필요가 없다. 그저 함께 적개심을 공유하는 것만으로 충분하다. 혐오의 대상인 '적'은 모든 사람, 모든 것이 될 수 있다. 즉 그레타 툰베리*, 도널드 트럼프, 난민, 여성, 나이 든 백인, 유대인, 이슬람주의자, 신나치, 세계화, 자본주의, 유럽연합, 디지털화, 온갖 종류의 정치인, 공영 방송사와 미디어 매체, 기후 변화, SUV 자동차 등. 정치적 혐오는 다양한 인물, 주제, 사물에 대해 선동의 불씨를 당길 수 있다.

모든 표적이 혐오의 희생양이 될 수 있다. 혐오하는 자들은 자기들과 다른 집단은 원래 사악하고 악한 의도를 갖고 있어 모든 사태의 책임을 져야 한다고 공개적으로 말한다. 달리 말하면, 혐오하는 자들은 누군가 혹은 어떤 것이 모든 악의 근원이라는 생각에 사로잡혀 있다. 이런 자들은 도움과 지원이 필요한 난민이 자기 안녕을 위협하는 위험 인자로 보인다. 이런 자들에게 난민은 뜬금없이 나타나 세금으로 재정 지원을 받고 시민의 일자리를 빼앗는 침입자, 이방인이다. 이런 자들에게 남녀평등을 부르짖는 독립적인 여성도 더 이상 사회 진보의 상징이 아니라, 소위 전통적인 사회 질서를 무너뜨리는 위험한 파괴자다.

*그레타 툰베리(Greta Thunberg)는 2003년 생으로, 2018년 8월 매주 금요일 스톡홀름 의회 앞에서 환경 문제 해결을 촉구하기 위해 등교 거부 팻말을 들고 1인 시위를 벌였다. 그녀의 시위는 '미래를 위한 금요일(Fridays for Future)'이라는 기후 운동으로 발전했다.

정치적 혐오가 강한 사람들에게 유럽의 무슬림들은 정상적인 이민자가 아니다. 그들에게 무슬림은 이주한 국가에 동화되는 것을 거부하고, 유럽 문화에 침투하려는 비밀 계략을 꾸미는 사람들이다. 다시 말해 무슬림은 미래의 유럽에 이슬람 문화를 꽃피워 이슬람화하려는 것이다. 그래서 '서구 몰락'의 책임이 무슬림 이주자들에게 있다며 비난의 목소리를 점점 키우고 있다.

　　반유대주의 역시 이와 비슷한 방식으로 작동한다. 제2차 세계대전이 발발하기 훨씬 이전부터 독일에 거주하는 유대인들에게 정치적이고 사회적인 불행에 대한 책임을 전가시켰다.(1장 '거짓말' 참고) 정치적 혐오에 자기기만과 현혹도 한몫을 차지한다. 지금까지 말했던 대로 시종일관 자기가 규정한 '적'에게 책임을 전가한다. 실제 위험이나 위협이 없는데도 자기기만과 현혹에 빠진 자들은 늘 위협받고 있다고, 불이익을 받는다고, 부당한 대우를 받는다고 느낀다. 이런 정치적 혐오는 특히 인터넷 게시판과 악성 댓글에서 쉽게 찾아볼 수 있다. 사회 구성원들이 정치적으로 혐오하기 위해 결속하는 순간, 희생양 메커니즘이 발동한다.(2장 '도발' 참고) 그리고 정치적 혐오는 인간을 경멸하는 비인간적인 형태로 관철된다.

혐오가 재밌나?

심리학자는 '스릴'을 '두렵고 무서우면서도 느껴지는 쾌감'으로 정의한다. 흔히 유원지의 유령 열차, 범죄 스토리, 공포 영화에서 스릴을 즐긴다. 사고, 테러, 비행기 추락, 화산 폭발, 살인, 전쟁 같은 충격적인 뉴스를 들을 때도 느낄 수 있다.

혐오할 때도 스릴을 느끼나?

부정적인 감정을 경험할 때 스릴을 느낀다면, 혐오도 그럴 수 있지 않을까?

만약, 혐오에 스릴 감정이 숨어 있다면, 집단 혐오가 왜 그토록 사람들에게 잘 퍼져 나가는지를 설명할 수 있지 않을까?

빌어먹을 그레타?

소셜 미디어에서는 누구나 헤이트 스피치(Hate Speech)*의 표적이 될 수 있다는 것을 고려해야 한다. 사람들 앞에 잘 나서고, 자신의 의견을 강하게 내세울 경우, 헤이트 스피치의 표적이 될 수 있다. 혐오 발언은 그레타 툰베리 같은 어린 소녀에게도 혹독하게 자행된다. 50만 명 회원을 둔 독일 페이스북 계정 '배기량을 위한 금요일'은 2019년에 폐쇄되었다. 툰베리에게 너무 심한 위협과 성폭행 협박 글이 올라왔기 때문이다.

소수의 극우주의자들이 의도적으로 인터넷상에서 혐오를 조장하는 행태에 어떻게 대처해야 할까?

어린 소녀가 헤이트 스피치의 희생자가 된 것이 새로운 현상인가? 아니면

---

*인종, 출신, 종교, 성별, 외모, 성적 지향, 장애 등에 대해 개인과 집단을 경멸하고 모욕하는 편파적 발언.

이미 만연해 있으며, 소셜 네트워크 때문에 예전보다 더 눈에 띄는 걸까?

인터넷상에서의 살해 협박과 혐오 댓글을 강도 높게 추적해야 할까? 아니면 자유민주주의 공동체가 감내해야 할 일인가?

사고 실험

혐오가 쓸모 있나?

혐오와 증오가 긍정적인 원동력으로 바뀐 사례를 들어보라. 예를 들면, 노예 제도 폐지, 헌법에 어긋난 법을 바꾸려는 저항 운동, 독재자의 몰락 같은 것이다. 하지만 독재자를 추앙하고 소수자를 배제하는 사람들이 가진 혐오는 심각한 문제를 일으킨다.

혐오와 분노는 특정한 경우에 사회에 긍정적인 변화를 가져오나?

여기에 맞는 사례로 어떤 상황과 어떤 운동이 있을까?

04. 민주주의를 혐오할 수 있을까?

유독 정치인과 기자는 욕설을 듣고 악성 댓글에 시달린다. 개인적인 모욕에서부터 폭행, 살해 위협까지 받는다. 신분이 높은 관료가 자기주장을 공개적으로 말할 경우 인터넷상에서 온갖 헤이트 스피치의 희생양이 될 수 있다는 사실을 알아야 한다. 정치를 업으로 하는 사람은 일상적인 위협과 살해 협박에 노출되기 쉽다. 드문 경우 자신뿐만 아니라 가족까지 살해 위협을 받는다. 이런 위협은 개인의 존엄을 해치는 것이기 때문에 기본적으로 인간을 모욕하는 행위다.

살해 위협은 엄연한 범죄 행위다. 물론 급진적인 견해와 분노가 넘치는 진술들 대부분은 표현의 자유로 여겨져 보호를 받는다. 독일에서는 말하면 안 되거나 생각해서도 안 되는 것이 거의 없다. 그런데도 헤이트 스피치는 많은 경우에 자유민주주의의 기본 질서를 위반한다. (이 때문에 법적이고 정치적인 기본 조건이 언급된다. 이런 조건이 갖춰져 있기에 우리는 민주주의 체제에서 살아갈 수 있는 것이다. 여기서 기본 조건이란 바로 '기본법'과 '인권'이다.) 이럴진대 헤이트 스피치를 하나의 의견으로 보아야 할까? 도대체 얼마나 많은 혐오가 우리 사회에 퍼져 있는 걸까?

다음에 열거한 14가지 병리 현상은 정치적, 사회적인 혐오이자 우리 사회에 만연해 있는 극단적인 혐오다. 여기서 '집단적인 적대감'도 살펴볼 것이다. 우리는 집단적인 적대감을 갖고 타인을 무시하며 배제한다.

제노포비아 **이국적인 건 불길해**
이방인 혐오에 깔려 있는 심리는 '불안'

제노포비아는 출신이 다른 사람들과 다른 민족을 거부, 혐오하는 성향을 말한다. 이 말의 유래는 그리스어로 '낯선 사람'이라는 뜻의 '제노스(xenos)'와 '공포'라는 뜻의 '포보스(phobos)'가 합쳐진 것이다. 다른 문화권에서 온 사람을 혐오하고 증오하는 현상을 의미한다. 제노포비아는 낯선 사람, 낯선 것에 대한 일반적인 불안, 두려움으로 요약할 수 있다. 낯선 모든 것, 자기 문화와 다른 모든 것을 위협으로 느낀다. 그래서 이방인 혐오자에게는 자신의 것을 지키기 위해 낯선 것과 싸우는 것이 중요하다. 이방인 혐오는 차별의 특별한 형태다. 다시 말해 출신, 피부색, 종교나 민족을 앞세워 다른 사람들을 무시, 경멸한다. 이방인에 대한 불안은 인류의 문화만큼이나 오래되었다. 외국인 혐오는 제노포비아의 일부분이다. 따라서 이방인에 대한 불안은 인종차별주의와 비슷하지만 혼동하면 안 된다.

인종차별주의 **다른 민족 출신을 배제하라**
타 민족에 대한 경멸과 배척

인종차별주의자는 특정한 생물학적, 문화적 특성 때문에 다른 사람을 거부한다. 과거에는 생물학적 특징을 근거로 특정 인종의 능력이 낮고 열등하다고 결론지었다. 그러면서 자신들이 속한 인종은 우월하다고 여겼다. 나치는 인종차별주의를 공개적으로, 적극적으로 선동했다. 독일인은 아리아 혈통의 지배자 민족이라 자부했다. 다른 인종에 대한 지배를 정당화하기 위해서였다. 당시에는 인종 이론이 마치 학문처럼 돌아다녔고, 이 이론을 국가사회주의 당원들이 지지했다. 오늘날에는 인종이라는 개념이 사라지고 있고, 인종학이란 것도 과학적으로 근거가 불충분하다는 것을 알고 있다. 인종이 다르다고 가정하는 것 자체가 이미 이념적이고 인종 차별적이다. 하지만 오늘날 인종 차별적 사고와 행동은 과거보다 더 미묘하고 간접적이다. '인종'은 자주 '문화'로 대체된다. 자신의 문화와 어울리지 않는 낯선 문화를 폄하하고, 이 낯선 문화를 심지어 파괴해야 한다고 으름장을 놓는다. 인종차별주의자는 자신들의 문화적 정체성에 대해 걱정을 많이 한다. 하지만 인종차별주의는 완전히 허무맹랑한 소리다! 어떤 사람들은 으레 모퉁이에 있는 튀르키예 상점을 방문하고, 허구한 날 들르는 레스토랑의 흑인 종업원과 친하게 지내면서도, 동시에 외국인이 위험하다며 불안해한다.

파시즘 폭력을 통한 국가 권력 장악
극단적 민족주의와 폭력주의가 결합한 광기

　　"믿어라, 복종하라, 싸워라!" 파시즘의 슬로건이다. 파시스트는 주로 세 가지를 혐오한다. 민주주의, 공산주의 그리고 나약함. 따라서 파시스트는 전체주의 체제를 추구하고 지도자를 숭배한다. 이렇게 만든 이가 바로 베니토 무솔리니다. 그는 1922년 검은 셔츠단을 이끌고 로마로 진격하여 이탈리아의 민주주의를 전복시켰다. 이어 그는 스스로를 정부 수반으로 임명하고 3년 내에 독재 정권을 세웠다. 그의 정적들은 쫓겨나거나 투옥되고 추방, 살해되었다. 1925년부터 무솔리니는 일당 체제를 갖추고 국가를 통치했다. 유럽 최초의 파시스트 독재 정권은 집권당 외에 다른 정당은 일체 허용하지 않았다. 파시즘 지도자에게 복종하지 않는 자는 누구든지 당에서 추방되었다. 무솔리니는 자신을 로마 황제의 후계 자라 칭했고, 새로운 로마 제국 건설을 꿈꾸었다. 개인의 권리와 욕구는 파시즘 독재 체제에서는 더 이상 중요하지 않았다. 정부의 목표는 '민족 공동체'의 안녕이었다.

파시즘의 가장 중요한 이상은 폭력, 청년, 남성성, 강함과 민족 주의였다. 그래서 몸과 마음이 아픈 환자, 동성애자, 장애인 같은 소수자 는 배제되거나 심지어 제거되었다. 무솔리니의 성공은 유럽의 여러 극우 파에게 모범이 되었다. 히틀러도 무솔리니의 정치 활동에 영감을 받아 파 시즘 운동 전략을 자신의 것으로 만들어 국가사회주의 독재 체제를 세웠 다. 비록 무솔리니의 파시즘과 히틀러의 국가사회주의는 어떤 면에서는 비슷하지만, 정치적 이념과 동기는 서로 달랐다. 이탈리아 파시스트들은 권위주의적이고 외국인 혐오적이며 민족주의적이지만, 독일 국가사회주 의는 극단적인 유대인 혐오라는 특이점을 갖고 있다. 나치 이데올로기에 는 민족주의, 인종차별주의, 반유대주의가 서로 얽혀 있었고, 이런 결합 이 600만 명 이상의 유대인을 학살한 홀로코스트로 이어졌다.

공산주의 계급 없는 새로운 이상 사회 건설
한 번도 성공한 적 없는 정치 이념

공산주의자는 세 가지를 혐오한다. 바로 자본주의, 파시즘 그 리고 종교. 공산주의는 형용사 '공동의', '공통의'를 뜻하는 라틴어 '코무니스(communis)'에서 유래했다. 공산주의 국가에서 권력은 인민으로부터 나온다. 공산주의자들은 카를 마르크스와 프리드리히 엥겔스의 사상과 가르침이 담긴 《공산당 선언》을 중심으로 모든 사람의 평등을 강조한다. 공산주의자들은 새로운 형태의 공동체 생활을 추구한다. 사유 재산이 폐지되고 생계에 필요한 생산 수단을 모든 사람이 소유한다. 이론적으로는 상당히 좋게 들리지만, 실제로 공산주의 체제 역시 폭력과 전체주의 공포 통치로 귀결된다는 취약성이 드러났다.

　　　파시즘과 국가사회주의처럼 공산주의 국가들도 일당 체제로 변질되었다. 옛 동독(독일 민주주의 공화국)은 사회주의라는 명목 아래 시민의 권리를 제한하고, 이견을 가진 사람들을 박해하거나 투옥, 살해했다. 민주주의와 거리가 먼 행태였다. 동독은 사회주의 원칙을 적용하고, 이를 공산주의 이상 사회로 가는 전 단계로 여겼다. 사회주의에서 재화는 공평하게 분배되고 생산 수단은 국유화된다. 세계 최대의 공산주의 국가였던 소련도 많은 사람들이 지배 계급과 다른 의견을 가졌다는 이유로 잔인하게 살해되는 독재 국가로 변했다. 이렇듯 지배 계급이 존재한다는 사실 자체가 이미 공산주의 이념에 어긋나는 것이다.

　　　마르크스는 공산주의로 이행하는 전 단계를 사회주의적 시장 경제로 보았다. 공산주의는 지금까지 한 번도 성공한 적이 없는 정치 이념이다. 공산주의를 비판하는 사람들은 공산주의를 위험한 이데올로기이자 유토피아로 간주한다.

반이슬람주의 극단적인 이슬람 문화를 거부한다
극단적인 이슬람 혐오는 근거 없는 망상

만약 이슬람 문화가 두려워 무슬림을 거부한다면, 이는 이슬람 혐오다. 대부분의 이슬람 혐오는 이슬람 종교에 대한 혐오에서 비롯된다. 반이슬람주의자들은 이슬람 종교에 대해 완전히 부정적인 이미지를 갖고 있다. 이슬람 종교를 기본적으로 위험하고 비도덕적인 것으로 여긴다. 이슬람 종교가 국가와 분리되지 않은 탓이다. 반이슬람주의자들은 무슬림이 원시적이고 공격적이며, 민주주의 기본 가치와 조화를 이룰 수 없는 열등한 문화의 구성원이라고 본다. 그들은 흔히 급진적인 이슬람교도와 일반 무슬림을 구별하지 않고 모두 한통속으로 본다. 또한 이슬람이 국수주의적 사고를 가졌기에 유럽에 어울리지 않는다고 생각한다. 그래서 이슬람 사원 건립에 반대하는 목소리를 내고 무슬림의 종교 자유를 제한해야 한다고 주장한다. 무슬림의 신앙을 이유로 무슬림을 차별해야 한다는 입장을 내놓기도 한다. 극단적인 경우, 유럽의 정체성을 옹호하는 새로운 민족주의 운동을 내세우고, 서구가 이슬람화하지 않을까 불안해한다. 아마도 반이슬람주의자는 음모론의 추종자가 아닐까 싶다.

물론 이슬람 종교에 대해 비판하는 모든 사람이 반이슬람주의자도 아니고 이슬람을 증오하는 사람도 아니다. 이슬람 종교에 대한 비판은 이슬람 혐오에 바탕을 두지 않은, 단지 무슬림의 행동과 이슬람의 종교 율법에 대한 비판일 수 있다. 당연히 무신론자는 기독교인을 경멸하지 않고 기독교를 거부할 수 있다. 중요한 점은 기본법에 따라 모든 사람에게 적용되는 기본 권리가 각 개인에게 있다는 것을 인정하는 것이다.

반유대주의 유대인을 차별하고 증오하라
역사적 뿌리가 깊은 반유대인 정서

반유대주의자들은 유대인들이 세계에 너무 많은 영향력을 행사할 뿐만 아니라 돈만 밝히고, 남을 잘 속이며, 교활하고, 권력에 굶주려 있다고 믿는다. 유대인 혐오는 주로 사회적 위화감에서 비롯되었다. 과거 진부한 소문에 따르면, 유대인들은 돈을 빌려주고 높은 이자를 받아 자산을 쌓으며 거부가 되었다. 이런 편견은 18세기 프랑크푸르트에서 여러 은행을 설립한 로스차일드 유대인 가문을 중심으로 만들어졌다. 로스차일드 가문은 유럽에서 영향력이 가장 큰 은행가 가문으로 위세를 떨쳤다. 셰익스피어의《베니스의 상인》(1600년경)에서 돈을 빌려준 부유한 유대인이 등장하는 것도 이와 같은 맥락이다.

유대인에 대한 사회적 위화감은 역사적 뿌리를 갖고 있고, 세월이 흐르면서 뿌리 깊은 편견으로 자리 잡았다. 히틀러의 지배 아래 있던 국가사회주의자들은 이런 편견을 바탕으로 유대 민족에 대한 인종 차별 사상을 전파했다. 그들은 모든 유대인을 '열등한 인종'이라고 설명했다. 그들의 이데올로기에서 유대인들은 세계 지배를 꿈꾸는 모반자로 자주 그려졌다. 현재 반유대주의의 다양한 변종들 가운데 이제는 과거의 나치를 청산할 때가 왔다고 주장하는 이들도 있다. 독일 역사에 있었던 수많은 긍정적인 것들을 뒤로하고 국가사회주의자들의 끔찍한 만행을 왜 거듭해서 기억해야 하는가? 반유대주의자들은 독일인의 책임에 대해서는 지금보다 적게, 독일인의 강함에 대해서는 더 많이 강조해야 한다고 생각한다. 극단적인 경우에 그들은 홀로코스트를 부정한다.

이슬람주의 이슬람의 법으로 세상을 다스려라
세계를 위협하는 극단적인 종교 근본주의

이슬람주의자들은 자유민주주의의 기본 질서, 서구 생활 방식, 그리고 유대교를 혐오한다. 그들은 국가와 종교의 분리를 거부하고 정치적이고 사회적인 삶 전체를 이슬람 율법(샤리아, Scharia)과 가치에 종속시킨다. 이들의 주장에 따르면 민주주의는 이슬람 종교와 조화를 이룰 수 없다. 권력은 국민이 아닌, 신과 신의 율법에서 나와야 한다. 이슬람주의자들은 샤리아에 대해서 문자 그대로 복종을 요구한다. 샤리아에 따라서 여성, 동성애자, 비이슬람교도가 받는 불이익 및 차별 대우를 당연한 것으로 여긴다.

이슬람주의자들은 서구 생활 방식과 모든 인간의 평등권을 위협한 것으로 치부하고 서구인들을 적으로 간주한다. 그들은 표현, 언론, 예술 그리고 종교의 자유 같은 서구의 기본 가치도 거부한다. 특정 이슬람 단체에게 폭력과 테러는 자신들의 목적을 달성하기 위한 정당한 수단이다. 가장 유명세를 떨치고 있는 이슬람 무장 단체는 알카에다(Al-Qaida)와 IS(이슬람 국가, Islamic State)다. 전 세계에서 활동하고 있는 이 무장 단체들은 유엔 안전보장이사회, 미국, 영국 그리고 독일에 의해 테러 조직으로 분류됐다. 알카에다는 2001년 9월 11일 뉴욕 세계무역센터 등 여러 곳에 테러 공격을 가하고, 2015년 1월 7일 파리의 풍자 주간지 〈샤를리 에브도(Charlie Hebdo)〉 본사에 테러를 가해 편집 직원들을 살해했다. 2004년에 결성된 IS는 중동 지역에 신정 국가를 건설한다는 계획으로 널리 알려졌다. 이 신정 국가는 이슬람 가치와 율법만 적용되어야 한다고 한다. 독일 내에서도 여러 이슬람 단체들이 있는데, 그 가운데 어떤 단체는 주류 사회에 반기를 든다. 이들 단체 내에서는 다른 규칙이 적용되기 때문에 이런 공동체를 평행 사회*라 부르기도 한다.

성차별주의 여성과 소수자에 대한 비난과 희롱
20세기에 비로소 폭로할 수 있었던 성희롱, 성차별

성별 때문에 차별 대우와 불이익을 받는다면 그건 성차별이다. 여성은 특히 성차별을 자주 당해왔다. 성차별은 외설적인 말로, 개인의 특성을 가지고 여성을 비하하는 말로 드러난다. 예를 들어 여성은 나약하다, 답답하다, 미련하다 는 식으로 말이다. 광고, 비디오 게임, 음악, 영화에서도 성차별을 엿볼 수 있다. 무엇보다 힙합과 갱스터 랩에서는 여성과 소수자에 대한 비난이 자주 등장한다. 이것이 예술인가, 저항 문화인가? 아니면 대놓고 하는 차별인가? 성차별주의가 우리 문화의 일부라고 해도, 그리 놀라운 일은 아니다. 사회 구조와 언어 자체에 성차별적인 요소가 있기 때문이다. 예를 들어, 1960년대 미국에서는 '성희롱'이란 단어가 제대로 정의되지 않았다. 성희롱이 무엇인지에 대한 실질적인 내용뿐만 아니라 성희롱에 대한 법적인 설명도 허술했다. 이 때문에 여성은 성희롱, 성폭행에 대해 이야기하기 어려웠다. 설사 추근거리는 것과 성폭행을 이야기한다고 해도, 이 둘을 똑같은 것으로 치부해 대수롭지 않게 넘겼다. 여성들은 꽤 오랜 시간 성희롱이란 말도 꺼내지 못했고 신고는 상상

---

*평행 사회(Parallel Societies)는 독일의 사회학자 하이트마이어(Wilhelm Heitmeyer)가 이주민 사회를 분석하며 사용한 개념으로, 다수 민족과 구별하여 자기들만의 문화와 전통을 고수하며 통합을 거부하는 소규모 공동체를 의미한다.

조차 할 수 없었다. 20세기에 들어 성차별주의는 진지한 사회 문제로 인식되어 몇몇 경우에는 범죄로 처벌받았으며, 이후 범죄로 다루어져야 한다는 대중의 인식이 확산되었다.

미소지니 여성은 남성보다 열등한 제2의 성
남녀의 동등한 권리를 부정하는 여성 혐오

'미소지니(misogyny)'는 '여성 혐오'를 의미하는 용어로, 여성을 경시하는 말과 행동을 뜻한다. 여성은 더 약하다고 받아들여진다. 대중문화, 미디어, 경제 구조와 법이 여성을 경멸하고 차별한다면, 이 역시 미소지니다. 유럽에서 미소지니에 저항하는 여성 운동은 수백 년 전에 시작되어 많은 성과를 이루었다. 대표적인 것이 영국에서 여성들이 참정권을 얻기 위해 투쟁한 소위 서프러제트 운동(The Suffragette Movement)이다. Suffragette는 '간청', '중재'라는 뜻의 프랑스어 'Suffrage'에 여성형 '–ette'를 붙여 '참정권'을 의미하는 용어로 발전했다. 우리 사회는 여전히 여성이 약하다고 보는 경향이 있다. 그래서 실제는 그렇지 않더라도 여성의 능력치를 제한하려 들고, 이런 경향을 고착화한다.

안티페미니즘 페미니스트는 사회 질서를 무너뜨리는 파괴자
전통적인 남녀 역할을 고수하려는 의도

안티페미니스트들은 남녀평등에 이의를 제기한다. 안티페미니스트들의 주장에 따르면, 여성 해방은 현대 사회의 진보를 의미하지 않으며, 여성 운동은 되레 득보다 실이 더 크다고 확신한다. 그들은 여성성보다 타고난 남성성이 더 우월하다고 믿는다. 또한 페미니스트들이 사회 질서를 해체하려 든다며 비난하고, 남성이 여성화되고 있는 시대적 변화에 책임이 있다고 주장한다. 안티페미니즘은 여성 혐오와 성차별적 시각을 갖는다. 안티페미니스트에는 남성만이 아니라 여성도 있다.

트랜스포비아 트랜스젠더를 증오한다
제3의 성에 대한 혐오와 멸시

트랜스젠더는 남녀를 이분법으로 구분하는 방식을 따르지 않는 성 소수자다. 그래서 트랜스 자체를 혐오하는 자들은 강한 혐오와 거부감을 드러낸다. 이러한 혐오가 배타적인 행동으로 나타날 경우 트랜스포비아라고 한다. 트랜스젠더를 혐오하는 사람들은 아마도 여성과 남성 이외에 제3의 성별이 있다는 생각 자체를 거부하는 듯하다. 몇몇 사례에서는 이런 거부감을 왕따에 머물지 않고 물리적인 공격, 더 나아가 살해 협박으로 표출했다.

호모포비아 동성애는 질병이거나 범죄
동성애자에 대한 불안과 두려움의 표현

호모포비아는 인종차별주의, 제노포비아 또는 성차별주의처럼 특정한 사람을 혐오하는 것이다. 동성애를 혐오하는 호모포비아는 게이, 레즈비언, 양성애자에 대한 편견을 갖고 있다. 특히 극우파와 이슬람 집단은 동성애자에 대한 적대적인 입장을 갖는다. 유럽에서는 동성애에 대한 시각이 지난 200년 동안 급격히 변화했다. 2,500년 전 유럽 사회는 동성애를 허용했다. 동성 간의 만남과 관계가 고대 그리스인과 로마인에게는 아주 흔했다는 것을 증명하는 수많은 문헌이 존재한다. 19세기까지 두 남성 간의 사랑은 이상한 것이 아니었다. 그렇지만 남성들끼리의 항문 성교, 남색은 중세 시대 이후 음탕한 것으로 간주되어 처벌을 받았다. 수많은 유럽 왕궁에서 동성애는 묵인되고 매우 드물게 비난받았다.

19세기 후반에 비로소 동성애가 질병으로 공표되고 형벌에 처해졌다. '동성애' 개념은 이때 생겨났다. 독일에서는 동성애가 1872년부터 1974년까지 범죄였다. 특히 국가사회주의 아래에서 동성애자는 체계적으로 추적되고 살해되기도 했다. 세계보건기구(WHO)는 1992년까지 동성애를 질병으로 분류했다. 2001년부터 독일에서는 동성애자를 가족관계증명서에 배우자로 신고할 수 있게 되었다. 동성애 혐오자들은 동성애자의 동등한 권리에 반대한다. 그들은 전통적인 가족 관계를 보존하고 싶어 하며, 남녀로 이뤄진 부부가 우월하거나 유일한 배우자 관계라고 믿는다.

미산드리 남성성은 도덕적으로 나쁘다
남성과 남성성에 대한 혐오

미산드리(misandry)는 남성과 남성적 행동을 혐오하는 것이다. 많은 여성들과 급진적인 페미니스트에게서 나타난다. 이들은 남성성을 부정적인 것, 즉 옳지 않은 것으로 취급한다. 흔히 남성성에 '독성'이 있다고 보는 것이다. 일부 사회학자와 심리학자에 따르면, 사회가 남성성을 정의하는 방식 자체가 파괴적이다. 즉 남성성 자체가 아닌 남성성을 바라보는 특정한 해석이 그렇다는 것이다. 예를 들어, 남성성은 강함, 견고함과 같은 의미로 사용되고, 감정은 아무런 역할을 해서는 안 된다는 것이다. 물론 남성성에 대한 모든 비판이 남성 혐오라고 말할 수는 없다. 얼마 전부터 많이 언급된 표현 '늙은 백인 남자들'이 의미하는 것은 무엇인가. 첫째는 (어떤) 나이 든 백인 남성들이 앞뒤를 따지지 않고 자신의 생각을 무조건 밀어붙이는 경향이 있다는 사실을 비판한 것이다. 둘째는 '늙은 백인 남자들'이 자신들의 나이, 피부색, 성별을 지나치게 내세우면서 타인에게 삼중의 차별을 가하고 있다는 비판이다.

쇼비니즘 내가 너보다 더 잘났다고!
다른 사람보다 우월하고 싶은 저속한 열망

쇼비니스트들은 오만하고 우월감을 과시한다. 쇼비니스트는 다른 사람을 대등한 대화 파트너로 받아들이지 않고 동등한 소통을 거부한다. 특히 정치계의 쇼비니스트들이 민족주의적, 가부장적 성향이 강하다. '미국을 다시 위대하게!(Make America great again!)'는 정치 쇼비니즘의 전형적인 예다. 쇼비니스트들은 통계적으로 대부분 남성들이며, 그래서 여성들을 불손하게 대한다.

사람을 왜 혐오하나?

인간 혐오(misanthropy): 인간 증오, 인간 경멸

인간을 혐오하는 사람들은 인간에 대해 부정적이다. 그들은 때론 염세주의자이기도 하다. 철학자인 동시에 외톨이였던 아르투르 쇼펜하우어는 삶에 대해 이렇게 썼다. "오늘은 좋지 않다. 매일 더 나빠질 것이다. 최악이 도래할 때까지." 쇼펜하우어에게 삶과 나이 듦은 무엇보다 고통이었다. 그는 인간이 산다는 것 자체가 잘못된 것이라고 확신했다.

인간을 혐오하는 대부분의 사람들은 타인과의 만남을 부정적으로 생각하지만, 폭력성을 띠지는 않는다. 인간 혐오의 반대말은 박애(philanthropy), 즉 인간에 대한 사랑이다.

앞서 언급한 여러 종류의 인간 혐오와 관련하여 다음 질문에 답해보자. 인간은 사랑할 만한 생명체일까, 아니면 혐오를 받아도 싼 그렇고 그런 존재일까? 아니면 둘 다일까? 인간을 사랑한다고 해도 한 번쯤은 미워해도 되지 않을까?

05. 극단주의란 무엇인가?

정치적 혐오는 폭력 행위가 발생하거나 국민 대다수가 급진적인 주장을 받아들일 때 특히 위험해진다. 급진적인 주장은 대개 사회 일반에서 가장 멀리 떨어진 곳에서 출물하기 때문이다. 그래서 이를 두고 극단주의 또는 극단적인 주장이라 한다. 물론 모든 혐오자나 차별적 견해가 무조건 극단적인 것은 아니다. 정치인이나 공인에 가해지는 살해 위협 이면에 반드시 극단적인 입장이 있는 것도 아니다.

극단주의라면 세 가지 기준을 충족해야 한다. 첫째, 민주주의 입헌 국가를 거부한다. 둘째, 새로운 정치적, 또는 종교적 사회를 추구한다. 셋째, 자기 목적 달성을 위해 저술, 항의, 시위 등 여러 활동을 펼치고 종종 폭력까지 동원한다.

극단주의 연구에서는 극좌주의와 극우주의를 구분한다. 일반적으로 극좌와 극우는 작은 집단으로 시작하며, 민주주의 체제에서 소수자로 남는다. 물론 언제나 그랬던 것은 아니라는 사실을 바이마르 공화국의 역사가 보여준다. 독일의 첫 번째 민주주의 체제인 바이마르 공화국에서 극좌는 독일 공산당이, 극우는 국가사회주의 독일 노동자당이 차지했다. 이 두 정당 모두 바이마르 공화국을 거부했고, 각기 자신들의 극단적인 이념에 맞는 새로운 사회 건설을 위해 투쟁했다. 극우주의 성향의 독일 노동자당은 공격적인 국가주의, 반유대주의, 인종차별주의를 선동했다.

스스로 제국 총통에 오른 히틀러는 독일에서 민주주의를 몰아내고 독일 역사에서 가장 큰 범죄 행위를 저지르기 위한 기틀을 마련했다. 역사가와 연구자 들은 이를 '문명 파괴'라고 부른다. 바이마르 공화국의 두 정당이 서로 싸운 시기로 돌아가 보자. 만약 극좌였던 독일 공산당이 다수의 의석을 차지했더라도, 히틀러가 했던 것처럼 독일에서 민주주의를 없애버렸을 것이다. 설령 다른 정치적 목적이 있다 해도 말이다. 그렇다면 좌익 극단주의 사상은 무엇을 의미하며, 구체적으로 우익 극단주의 사상은 무엇을 뜻하는지 알아보자.

극우 세력이 하는 일

- 강력한 제국의 부활.
- 독일 문화, 독일 인종, 독일 국가의 귀속 여부에 따라 인간의 가치 결정.
- 다른 출신과 혈통을 가진 사람들을 배척하고 우월한 정통 독일인의 정체성 확립.
- 옛 가치와 전통으로 돌아가 외국의 영향으로부터 독일 문화 보존.
- 제3제국의 영광을 강조하고, 홀로코스트를 부정하며, 제2차 세계대전 참전군을 추대.
- 자유민주주의 이념을 거부하고 강력한 지도자가 이끄는 국가 건설.
- 공산주의자와 민주주의자 모두가 부정해도 제1의 주적은 유대인. 유대인은 정치와 경제에 막대한 영향력을 행사하므로 세계의 모든 악에 대한 책임을 물어야 한다.

극좌 세력이 하는 일

- '모든 인간이 평등하다'고 주장. 계급 없는 사회, 즉 부자도, 가난한 이도 있어서

는 안 되고, 노동을 더 많이 해서도, 더 적게 해서도 안 된다.

- 급진적인 사회 변화 지향. 스스로를 좌파 극단주의자가 아닌 좌파 급진주의자라 부름.

- 사회의 주요 모순을 국민이 아닌 자본, 즉 거대 자본을 가진 자본가에게서 찾는다. 극단적인 좌파는 자본주의뿐만 아니라 자본주의 옹호자와 자본주의에서 이득을 취하는 이들을 극단적으로 혐오한다.

- 국가가 공동생활의 모든 영역을 사회적, 경제적, 문화적으로 통제해야 한다는 신념을 가진다.

- 극좌파는 모든 형태의 파시즘과 극우주의를 혐오한다.

- 동물 보호와 환경 보호는 중요한 주제다. 이를 위해 거리로 나가 핵폐기물 운송을 가로막거나 축산 공장에서 동물을 구출하기도 한다.(그린피스나 '미래를 위한 금요일' 운동에 참여하는 지지자들이 극좌파라고 말하는 건 아니다. 하지만 실제 이들 단체에는 예외적으로 극좌파들이 일반적인 경우보다 많다.)

- 제1의 주적은 국가다. 국가는 계급 없는 사회의 적이다. 그 적은 경찰이나 군대일 수도 있다.

- 모든 인간이 동등한 권리를 누릴 수 있도록 활동에 나선다. 이민자와 난민을 지원하고 여성, 동성애자, 양성애자, 트랜스젠더의 평등권 보장을 위해 힘쓴다.

　　　독일 연방 헌법수호청은 어떤 입장 표명이 헌법에 위배되고, 어떤 단체가 극단적인지를 판단한다. 일단 판단되면 헌법수호청은 이들을 수시로 감시한다. 그렇다고 입장 표명과 단체 활동이 금지되는 건 아니다. 금지령은 오직 헌법재판소가 내릴 수 있다. 극단주의자가 어느 누구도 해치지 않는다면 자유로운 의견을 낼 수 있는 권리가 보장된다. 자유민주주의의 기본 질서에 표현의 자유가 모든 사람에게 적용되기 때문이다. 누구나 자기 의지대로 생각할 수 있고, 믿을 수 있으며, 말할 수 있다. 그렇기 때문에 극단적인 입장은 불법이 아니다(하지만 홀로코스트를 부정하는 건 예외다). 기본법에 따르면, 여러 기본 법률은 특정한 사람을 제한하지 않고 모든 사람에게, 극단주의자에게도 적용된다. 설령, 극단주의자가 민주주의 폐지를 주장한다고 해도 말이다. 만약 기본권을 특정인이나 극단주의자에게 제한한다면 민주주의도 결국 종말을 맞는다는 것을 역사가 보여주었다.

사고의 도약

하수인이 권력에 붙는 이유

철학자 테오도어 아도르노는 연구서 〈권위주의적 성격〉에서 강력한 지도자를 동경하는 사람은 자기 삶에 의미를 부여하고 싶어 한다고 밝혔다. 자기 삶이 별 볼 일 없다고 느끼는 사람은 권력과 지배자의 하수인이 되려고 한다. 아도르노가 말하고자 하는 것은 다음과 같다. 강력한 지도자를 따르는 사람은 자신이 뭘 하는지를 알지 못하는 단순 가담자가 아니다. 그들 대부분은 권위주의적 성격이 강하다. 다시 말해 그들은 다른 사람에게 권력을 행사할 때 필요하다면 폭력까지도 동원한다. 권위주의적 성격이 강한 인간은 다른 사람에게 권위를 내세우기 위해 권력에 굴복하는 것이다.

사고 실험

당신이라면 나치에 저항했을까?

히틀러가 1933년 권력을 잡았을 때, 많은 독일인들은 민주주의가 독재 체제로 바뀔 것이라고 예측할 수 있었다(일부는 그렇게 되기를 바랐다). 뛰어난 많은 예술가, 저술가, 지식인, 과학자 들은 스스로 질문할 수밖에 없었다. '망명할 것인가, 아니면 남을 것인가?' '맞서 싸울 것인가, 아니면 협력할 것인가?'

작가 에리히 캐스트너와 작곡가 빌헬름 푸르트뱅글러, 그리고 철학자 마르틴 하이데거는 독일에 남아 자신의 경력을 쌓아갔다. 프라이부르크 대학 총장이었던 하이데거는 나치에 부역하고 학생들에게 히틀러를 따르라고 권유했다. 그는 반유대주의 사상을 두둔하고 '국가사회주의 혁명'을 위해 활동했다. 그의 나치 부역은 오늘날까지도 첨예한 논쟁거리다. 그는 비밀 일기《검은 노트》에서 여러 차례 반유대주의를 기록하며 생각을 드러냈다. 무엇보다 하이데거가 제2차 세계대전이 끝나고 1976년까지 생존하면서 단 한 번도 홀로코스트에 대해 언급하지 않고, 나치의 범죄와 거리를 두었다는 사실은 비난받고 있다.

빌헬름 푸르트뱅글러는 자신이 독일에 머무른 이유를 밝혔다. 그는 예술가로서 독재 체제에서도 문화를 드높여야 하는 책임감을 갖고 있었다고 말했다.

출신을 의심받거나 나치에 비판적인 입장을 내서 감시를 받았던 수많은 지식인들은 독일을 떠나 망명했다. 이에 반해 남매 조피 숄과 한스 숄이 속해 있던 대학생 저항 단체 백장미단 회원들은 1943년에 처형되었다. 나치 정부를 반대하는 전단지를 뿌리고 저항 활동을 했다는 이유였다.

여러분은 어땠을까? 목숨을 걸고 저항했을까? 아니면 부역했을까? 해외로 망명했을까? 독일에 남아 유대인을 비밀리에 도와주었을까? 당신은 어느 자리에 서 있었을 것 같은가? 당신은 희생자, 범죄자, 부역자, 레지스탕스 가운데 어떤 사람이었을까?

나의 어두운 내면을 측정해 보자

대부분의 심리학자는 모든 사람은 어두운 내면을 갖고 있다고 말한다. 어떤 심리학자는 개인의 어두운 내면을 측정할 수도 있다고 한다. 이들은 어두운 내면을 D-특성, 즉 어두운 성격 특성(dark factor of personality)이라고 부른다. 이는 인간의 어떤 행동이 어둡다는 것으로, 도덕적·윤리적·사회적으로 문제가 있다는 것이다. 자기의 이익을 위해 타인을 희생시키는 행위도 D-특성으로 설명된다. 여기서 연구자들은 아홉 가지 어두운 특성들을 구분하는데, 그 가운데 나르시시즘(성공을 통한 과도한 자기 확인 욕구), 마키아벨리즘(다른 사람을 조종하고자 하는 욕구), 사디즘(다른 사람을 괴롭힐 때 느끼는 쾌감), 정신병증(공감 능력이 없어 원하는 것을 얻기 위해 수단과 방법을 가리지 않는 병리 현상)이 있다.

어두운 성격 특성이 어느 정도인지 파악하기 위해 세 명의 심리학자가 세 가지 자기 테스트를 개발했다.

어두운 성격 특성이 어느 정도인지 알기 위해 만든 테스트를 신뢰할 수 있을까?

알고 싶다면 이 사이트에서 측정해 보라. https://qst.darkfactor.org/

악의 평범성

1961년 독일 태생의 미국 철학자 한나 아렌트는 나치 전범 아돌프 아이히만의 재판 과정을 보기 위해 이스라엘을 방문했다. 아이히만은 유대인을 강제로 추방하는 임무 책임을 맡은 나치 친위대 장교였다. 그는 재판 과정 내내 무죄를 주장했다. 그저 상부의 명령과 지시를 따랐을 뿐이라고 변명했다. 책상에 앉아 명령서에 도장만 찍어준 죄밖에 없다며 유대인 학살과는 아무런 관련이 없다고 강조했다. 물론 거짓말이고 반박당했다.

한나 아렌트는 자기를 비하하는 아이히만의 변명을 믿지 않았다. 그녀는 그를 아무 생각도 없고 현실 도피적인 '어릿광대'라고 표현했다. 이 어릿광대는 일반 공무원처럼 자신의 일에 충실했다고 말했다. 아렌트는 아이히만에게서 용기란 전혀 찾아볼 수 없고 상당히 나약한, 그래서 '사악한 괴물'이라는 꼬리표를 달 수도 없는 평범한 인간상을 보았다. 아이히만에게 수백만 명을 학살하는 일은 그저 관료적인, 일상에서 숫자와 명령을 처리하는 업무에 불과했다. 도덕적인 질문과 파시즘적 사고는 아이히만에게 중요하지 않았을 것이다.

그녀는 《예루살렘의 아이히만》이라는 자신의 저서에 '악의 평범성에 대한 보고서'라는 부제를 달았다. 이 책으로 그녀는 유럽의 유대인에게 벌어진 가장 큰 범죄를 경시했다는 비판을 받았다. 하지만 그녀에게는 인간의 악에 뭔가를 보태거나 빼는 것 없이 있는 그 자체로 이해하는 것이 중요했다. 가장 악독한 전범들 또한 다들 사는 모습대로(심지어 멍청하게) '평범하게' 살아간다. 그들이 특별히 악하게, 교활하게 행동했던 게 아니다. 그들에게 '악'은 특별히 선동적이지도, 지적이지도, 충격적이지도 않다. 오히려 일상에 가깝고 평범하다. 비록 그들에게 아이들을 비롯한 무고한 수백만 명의 죽음에 연대 책임이 있다고 해도 말이다. 한나 아렌트가 보여주고자 한 것은 수백만 명의 인명을 학살한 사건이 인간을 초월한 악의 힘에 이끌려 벌어진 것이 아니라, 그저 인간의 평범한 일상에서 발생했다는 것이다.

1945년 1월 27일 구소련 군인들이 아우슈비츠-비르케나우 수용소에 도착했다. 그들은 나치가 세운 가장 큰 수용소에서 수감자들을 석방했다. 이날은 국제 홀로코스트 추모일로 지정되어 매년 나치의 희생자를 기린다. 극우파는 이에 대해 종종 '죄의식 숭배'라고 말하며, 독일인의 지난 잘못이 지나치게 강조되고 있다고 비판한다. 그러면서 추모 방식을 바꾸자며 계속 물고 늘어지고 있다. '죄의식 숭배'란 용어 자체는 오해의 소지가 크며, 지어낸 말에 불과하다. 추모 방식에서는 추모 문화도 중요하지만 무엇보다 '잘못'에 대한 반성, 재발 방지를 위한 공동의 책임이 가장 중요하다.

죄의식인가? 책임인가?

여러분의 생각은 어떤가? 독일 역사 가운데 긍정적인 부분을 더 많이 강조해야 할까? 제2차 세계대전과 홀로코스트에 대한 추모는 현재도 이미 충분하니 앞으로는 긍정적인 기념일을 더 챙겨야 할까?

현재를 2120년이라고 가정해 보자. 나치의 끔찍한 만행을 기억하고 홀로코스트 희생자를 기리는 추모제가 백 년 전만큼 중요한 일이 될까? 아니면 오래전 일로 치부하며 어느 순간 사라질까? 만약 미래에 홀로코스트와 나치 시대를 망각한다면, 역사는 반복된다는 말처럼 이런 참사가 또다시 일어나는 건 아닐까?

06. 우리는 평행 사회에 살고 있나?

'부가라쉬(Bugarach)'는 높이가 약 1,230미터인 프랑스 남부에 있는 산이다. 그저 평범한 산이다. 하지만 수많은 이야기가 생겨나면서 사람들이 계속해서 산 정상에 오르고 있다. 일부 사람들은 이곳에 실제로 UFO가 착륙한 동영상이 있다고 주장한다. 2011년 말부터 이 산에 사람들이 몰려들기 시작했다. 사람들은 마야 달력에 예언된 대로 2012년 12월 21일 지구 종말이 닥쳐도 이 산에서 생존할 수 있다고 믿었다. 마야는 기원전 2000년 전부터 중남미에 살았던 토착 부족이다. 마야 부족은 아메리카 대륙에서 가장 오래되고 수준 높은 문화를 일구었다. 특히 고유 문자를 만들어내고, 별들을 관찰했으며, 관개 시설을 갖추었다.

빌레펠트는 독일에서 어느 정도 규모를 갖춘 평범한 도시다. 그런데 의외로 많은 사람들이 빌레펠트가 존재하지 않는다고 의심했고, 심지어 "빌레펠트는 없다!"고 주장한다. 1994년 대학생 아킴 헬트는 자신이 지어낸 빌레펠트 음모론을 인터넷상에 올리고 증거까지 제시했다. 당연히 해프닝으로 끝났으나 얼마 뒤에 또 소문이 돌았다. 오리지널 사이트는 오래전에 폐쇄되었지만 이 음모론이 수많은 인터넷 사이트에 거듭 복사되면서 계속 유포되고 있는 것이다.

신비롭고, 야사(野史)에 가깝고, 허무맹랑한 것에 대한 욕구는 끝이 없어 보인다. 지구 종말, 전설 속의 도시, 에어리어 51, 세계무역센터 9·11 테러 등 갖가지 주제의 음모론이 꼬리에 꼬리를 문다. 음모론이 비현실적이어도 이를 믿는 사람들은 항상 있다. 달 착륙이 실제로 일어났는지

한 번쯤 자문해 본 적 있나? 그렇다면 많은 사람들이 매달려 고민하며 내놓는 음모론에 속고 있는 셈이다. 2016년 마인츠 대학의 연구에 따르면, 설문 응답자의 17퍼센트가 미국의 달 착륙은 실행된 적이 없는 날조거나 음모라고 믿는다. 설문 응답자의 25퍼센트는 고 다이애나 비의 죽음에 살해 음모가 있었다고 믿는다. 또한 설문 응답자의 15퍼센트는 에볼라가 자연에서 발생한 게 아니라 미국 생물학 무기 프로젝트 일환으로 만들어진 인공 바이러스라고 생각한다.

　　　음모론의 대다수, 아니면 적어도 많은 것들은 무해하다. 하지만 공격성을 띠고 폭력을 조장하는 판타지 음모론이 존재한다. 모든 음모론은 파괴 판타지를 갖고 있기 때문에 민주주의에 위협을 가할 수도 있다. 폭력이나 파괴를 조장하는 판타지는 대부분 자유민주주의의 기본 질서에 반한다. 음모론의 특징은 특히 정치와 잘 맞는다. 정치적 음모론이 극단적인 사고를 더욱 극단으로 몰아가기 때문이다. 정치적으로 가장 위험하고 가장 잘 알려진 음모론은 '유대인의 세계 통치'와 국민을 상대로 음모를 꾸미는 '가짜 뉴스'가 있다.(1장 '거짓말' 참고)

음모론은 극단주의 견해와 유사한 특징이 하나 있다. 영향력을 행사하기 위해서는 음모론 역시 더 많은 사람들이 믿어야 한다는 것이다. 다른 사람에게 퍼뜨리지 않고 무해한 경우라면 얼마든지 자기만의 음모론을 만들 수 있다. 하지만 그렇지 않은 경우가 문제다.

사고의 도약

나는 독일 제국 시민이다?

음모론자들은 자신을 '제국 시민'이라 부르며, 1930년대의 독일 제국은 여전히 존재한다고 주장한다. 독일 제국의 나치가 확정한 1937년의 국경이 현재 진행 중이라는 것이다. 이 괴상한 제국 시민이 주장하는 바에 따르면, 지금의 독일연방공화국은 주식회사이고, 국정을 운영하고 있는 수상은 주식회사 사장일 뿐이다. 제국 시민은 독일이 자주 주권 국가라는 사실을 의심한다. 독일은 미국에 조종당하고 있다고, 달리 표현하면, 독일연방공화국은 미국의 꼭두각시라고 한다. 더 나아가 제국 시민은 기본법이 유효한 헌법이라고 인정하지 않는다.* 2018년 독일에 등록된 제국 시민의 수는 약 19,000명이다. 이들은 매우 다양한 소집단으로 나뉘어 있다. 이들은 세금 납부를 공식적으로 거부하면서 평행 사회의 이점을 누리고 있다. 독일 국가가 존재하지 않으니 자연히 납세 의무도 없다는 것이다. 이래도 되는 걸까? 그들에게 풍자 쇼 '엑스트라 3'은 다음과 같은 한마디를 던졌다. "독일 통일 기념일(10월 3일)에 휴일을 즐기는 제국 시민은 독일 주식회사의 이용 약관에 동의한 것이다."

---

*1949년 서독은 임시로 기본법을 제정하여 사용했고, 동독과 통일한 후 독일연방공화국은 기본법 명칭을 헌법으로 바꾸지 않고 그대로 사용하고 있다. 따라서 기본법이 헌법인 셈이다.

금지된 상징물을 과시하는 이유

많은 나치 상징물은 금지되어 있다. 예를 들면, 갈고리 십자가(하켄크로이츠), 나치 용어, 전형적인 나치 구호('진리가 승리한다', '불평하지 말고 투쟁하라')를 사용해서는 안 된다. 그럼에도 극우파는 자연스럽게 이런 상징과 기호를 사용한다. 다른 공동체와 조직처럼 극우파 역시 상징, 숫자, 제복으로 회원들에게 소속감을 부여하기 위해서다. 예를 들어, 꽉 쥔 주먹, 검은 태양, 해골, 숫자 코드 18과 88**, 극우주의자를 위한 의류 브랜드 토르 슈타이나르(Thor Steinar)와 리치스트(Rizist)***, 마스터레이스(Masterrace)**** 가 이들의 표현물이다.

이런 물품들을 조사하여 주변에서 발견할 수 있는지를 알아보고 다시 기억하자!

음모론의 배후를 파헤쳐라!

어떤 음모론은 괴상하고 황당하게 들린다. 그래서 스스로에게 묻지 않을 수 없다. '추종자들은 이런 음모론을 사실로 생각하고, 모든 음모론의 주제를 진지하게 받아들이고 있는 걸까?' 그들에게는 이론의 정확한 진실성보다 사람들이 습관, 무지, 편리함 때문에 그냥 받아들였던 모든 것을 의심하는 즐거움이 더 중요한 듯하다. 예를 들어, 이른바 켐트레일 이론(Chemtrail Theory)의 추종자들은 국가의 명령으로 비행기가 화학 물질을 뿌린다고 주장하는데, 그 이유가 날씨와 기후를 변화시키거나 사람들을 독살하거나 혹은 세계정세에 영향을 끼치기 위해서라고 말한다(비행기가

**알파벳과 숫자를 대응시킨 것으로 아돌프 히틀러의 머리글자 A의 순서 1과 H의 순서 8을 코드화하여 18을 내세운다. 나치의 경례 구호인 하일 히틀러(Heil Hitler, 히틀러 만세)는 88(H-8, H-8)이다.
***신나치 추종자들이 즐겨 입는 패션 브랜드.
****의류 브랜드로 '지배자 민족'을 의미하는 독일어 'Herrenrasse'의 영어 버전.

지나가는 곳에 비행운을 볼 수는 있지만, 독이나 화학 물질이 들어 있지는 않다). 전 세계에서 곤충이 떼죽음을 당하고, 알츠하이머 질병이 확산하고, 기후가 급격하게 변하는 현상의 원인을 비행운으로 지목한다. 한편으로는 비행운이 기후 변화의 원인이라고 지적하면서도, 다른 한편으로는 기후 변화를 완화시키기 위해 비행운을 사용해야 한다고 말한다. 그들은 과학적으로 인정된 이론과 지식을 부정하는 데 몰두하지만, 자신들 주장이 서로 모순된다는 사실에는 관심이 없다. 그들은 세계적인 과학자들도 음모를 꾸미는 세력과 결탁해 있다고 믿기 때문에 자신들의 주장만이 옳다고 확신한다.

당신의 생각은 어떤가? 켐트레일 이론의 추종자와 이를 퍼뜨리는 사람은 이 음모론의 내용을 정말로 믿는 걸까? 아니면 어떤 사람들이 자신의 이익을 위해 의도적으로 이런 음모론을 이용하는 것인가? 켐트레일보다는 비행기 배기가스, 이산화탄소 배출 제품, 환경 오염, 핵발전소, 전쟁과 기후 변화가 지금 해결해야 할 시급한 과제들이다. 잘 짜인 켐트레일 논란은 이런 주요 문제들에 대한 우리의 관심을 돌리기 위한 눈가림이 아닐까? 그래서 음모론의 내용보다 음모론의 목적이 중요한 것은 아닐까? 예를 들면, 과학 지식과 확인된 사실을 문제 삼기 위해 음모론이 등장하는 것은 아닐까?

07. 음모론으로 이득을 챙기는 자는 누구?

왜 이렇게 많은 사람들이 음모론을 믿는가? 명확한 증거가 없는데도 왜 음모론은 여러 세대를 거쳐 살아남고, 국경을 넘어 퍼져 나가는 걸까? 이에 대해 연구자들이 답을 냈다. 사람들은 이성적인 머리로 생각하기도 하지만, 때론 이해가 어려울 경우 '비과학적 사고', 즉 미신에 의존한다는 것이다. 악천후, 질병 발생의 자연법칙을 이해하지 못할 때 마녀, 유령, 도깨비가 조종한다는 식으로 말이다. 음모론은 특별한 유형의 '마법적 사고'에 기초한다.

> **미국 정치학자 마이클 바쿤은 음모론이 다음 세 가지의 기본적인 가정을 갖고 있다고 말한다.**
>
> 1. 우연히 일어나는 일은 없다.
> 2. 보이는 게 다가 아니다.
> 3. 모든 것은 서로 연관되어 있다.

이 세 가지로 거의 모든 음모론이 설명될 수 있다. 가령, 달 착륙, 거대 대체 이론*, 다이애나 비의 죽음, 제국 시민이라는 상상 등이 그렇다. 독일계 미국인 마이클 버터는 모든 음모론이 다음과 같은 형식으로 유포된다고 말한다. 세계는 선과 악으로 나누어져 있고, 음모 뒤에는 보이지 않는 힘(부유한 글로벌 금융 엘리트들)이 숨어 있으며, 이 힘이 배후에서

---

*프랑스 작가 르노 카뮈가 퍼뜨린 음모론으로, 프랑스를 비롯한 유럽의 인구 분포가 백인에서 아랍인, 튀르키예 무슬림 등 비유럽 출신 사람들로 바뀌어 결국 백인 문화가 사라질 것이라고 주장했다. 이후 백인 우월주의가 득세하고 위기론이 확산되었다.

세계를 조종하고 있다! 모든 일들은 비밀 계획에 따라 진행된다. 이런 음모 계획에서 우연히 일어나는 일은 결코 없으며, 모든 것은 실상과 다르고, 다르게 보여야 한다. 마침내 모든 것이 모든 것과 잘 엮여 빈틈없고 완벽한 시나리오가 만들어진다. 다른 말로 하면 '음모론에서는 모든 것이 이해된다!' 이것이 바로 음모론이 왜 그렇게 잘 작동하는지에 대한 답이다. 별다른 노력 없이도 세계에서 발생하는 많은 일들을 설명할 수 있고, 수많은 질문에 간단히 대답할 수 있다. 물론 제대로 대답하고 설명하는 일은 훨씬 더 복잡하다.

　　　음모론에는 나름 두 가지 이점이 있다. 첫째, 삶의 의미와 안정감을 가져다준다. 둘째, 통제받는다는 느낌을 은연중에 들게 한다. 일단 음모론 전체를 두루 이해했다는 것만으로도 자신이 명확하고 월등한 위치에 서 있다는 인상을 받는다. 음모인지도 모르고 현실에서 허우적대는 사람들 무리 속에서 자신은 빠져나왔다는 안도감을 얻는 것이다. 그래서 내가 진실을 알고 있고, 누구나 이를 간파할 수 있는 통찰력을 가질 수 없기에 자신이 선택받았다고 생각한다. 그런데 일자리가 위태로워서, 세계화 또는 이민자들에 대한 두려움 속에 살면서, 질병 때문에, 이별과 이혼 같은 개인 사정 때문에 일상에서 자주 불안하고 안정을 찾지 못할 때 이런 음모론을 통해 약간의 통제력을 회복할 수도 있다.

　　　그러면 음모론과 진정한 이론을 어떻게 구별할까? 이를 분별하기 위한 최고의 질문은 이것이다. "Cui bono?" 즉 누가 이득을 보는가? 음모를 퍼뜨려서 이익을 챙기는 자가 누구인가? 이런 맥락에서 음모론자를 파헤쳐봐야 하고 검증도 해야 한다. 왜냐하면 음모론을 지어내는 꾼들은 전형적으로 인터넷상에 떠도는 과학적 증거를 들이밀기 때문이다. 그래서 음모론을 접할 때는 음모론자가 인용한 문헌의 정확한 출처를 묻고 확인해야 한다. 당연히 자기 생각을 약간 덧붙이는 것은 해가 되지 않는다!

08. 광대는 왜 무서울까?

　　한번쯤 생각해 본 적 있는가? 전 세계 사람들이 서로 충돌하는 이유가 무엇인가? 한동안 잘 지내는 게 왜 이렇게 어려운 일인가? 미국 정치학자 새뮤얼 헌팅턴은 이에 관해 세간의 이목을 끈 견해를 펼쳤다. 저서 《문명의 충돌》에서 그는 세계의 거대 문명이 충돌하고 있다고 진단했다. 그는 특히 중국, 인도, 이슬람 문화에 관심을 두었다. 지금 떠오르고 있는 세 힘은 세계 질서를 바꿀 만한 잠재력을 갖고 있고, 서구(미국과 유럽) 문화가 쥐고 있는 주도권을 위협하고 있다고 말했다.

　　그는 국제 질서의 미래에 경종을 울렸다. 거대 정치 체계인 '파시즘'과 '공산주의'가 무너지고 남은 것은 '문명', 그리고 무엇보다 세계사에 큰 족적을 남긴 '종교'다. 제2차 세계대전이 끝나고 서구에서는 제일 먼저 독재 정권이 허물어졌다. 그 뒤 소비에트 연방의 붕괴로 공산주의가 사라졌다. 적어도 서구에서는 어느 누구도 파시즘, 공산주의 정권을 세우려는 생각을 더 이상 품지 않는다. 오히려 9·11 뉴욕 테러와 풍자 잡지 〈샤를리 에브도〉의 편집자 테러 사건에서 문명의 충돌 이슈가 격렬하게 떠올랐다. 두 테러 사건은 서구 문명을 향한 공격으로 요약할 수 있다.

　　이로부터 다음과 같은 결론이 나온다. '무슬림 문명과 기독교 문명이 서로 엄청난 규모로 충돌하고 있다.' 그러나 여기서 간과한 것은 서구 '자유세계'에 전쟁을 선포한 몇몇 이슬람 테러 단체를 이슬람 문명 전체와 동일시한다는 점이다. 또한 서구 세계와 이슬람 세계를 서로 다른 두 개의 문명으로 보는 것도 너무 근시안적이다. 그 이유는 두 가지다. 첫째, 이슬람 세계와 서구 세계 모두 단일한 문명이 아니다. 두 세계 모두 다양한 국가와 문화가 존재하고, 각기 동일한 정치적 목적을 갖고 있는 것도 아니며, 그럴 의지도 없다. 둘째, 이슬람 문명은 오랫동안 서구 세계에 속해 있었고, 그 때문에 이슬람 국가들은 서구 문명의 영향을 받았다. 또한 한 문화 내부에는 '다른 문화'와 관련이 없는 갈등도 있고, 종교와 상관없는 갈등도 있다. 모든 갈등과 충돌이 종교적 또는 문화적 문제 때문에 발생하는 것은 아니다. 이보다 훨씬 더 복잡한 문제가 숨어 있다. 가령 권력, 돈, 정치적 이익 때문이기도 하고, 오래되고 다층적인 과거사와 복잡하게 엉켜 있다. 실제로 국제 정세는 그다지 명료하지 않다. '문명의 충돌'은 왜 그렇게 많은 갈등이 존재하는지를 충분히 설명해 주지는 못한다. 더 타당한 설명은 갈등과 공격성이 인간 본성에 내재되어 있고, 인간 문명이 우리가 흔히 믿는 것보다 훨씬 더 취약하다는 것이다.

정신분석학자 지그문트 프로이트는 인간 문화에서 갈등을 일으키는 주요 원인 하나를 꼽았다. 저서 《문명 속의 불만》에서 그는 다음과 같은 주장을 내놓았다. 문화 공동체에서 함께 생활하면 개인은 성적 욕구와 공격적 성향을 억제한다. 즉 성공적인 공동생활을 하려면 모두가 사회 규범에 순응해야 하는 것이다. 동시에 모든 문화는 커지고 성장하는 특성이 있다. 프로이트에 따르면, 이러한 공동체의 특성 때문에 성적이고 공격적인 충동을 만족시키고자 하는 개인의 욕구는 제한되고 억압된다. 그 결과 공격성의 일부는 죄책감으로 바뀐다. 죄책감을 안고 산다는 것은 그리 쉬운 일이 아니며, 개인이 만든 것이 아닌 공동체에서 비롯된 경우라면 특히 그렇다. 이것이 인간 문화에서 불안이 증가하는 주요 원인이다.

　　이제 처음 질문으로 돌아가 보자. 광대를 무서워하는 이유가 무엇인가? 어쩌면 광대는 인간 문화에서 섬뜩한 것에 대한 불안을 정확히 구현한 것일지도 모른다. 여기서 섬뜩한 것이란 비밀스럽고 평범한 것과는 반대되는 개념으로 우리가 알지 못하기 때문에 편안함을 느끼지 못하는 이상한 것으로 이해해야 한다. 원래 광대는 웃기고, 사람들을 웃겨야 하는 존재다. 병원에서는 아픈 아이들을 즐겁게 하고 주의를 분산시키기 위해 광대를 이용하기도 한다. 광대는 문화의 밝고 긍정적인 측면, 기쁨, 재미, 오락을 상징한다. 하지만 광대가 무조건 긍정적인 것은 아니다.

　　광대공포증(coulrophobia)은 광대에 대한 광범위한 두려움을 일컫는 말이다. 스티븐 킹의 소설《그것(It)》과 이를 원작으로 한 영화에 광대공포증이 등장하면서 이 말은 대중 현상이 되었다. 광대의 웃음은 소름 끼칠 뿐만 아니라 사람들에게 갈등과 폭력이 숨어 있음을 보여준다. 이것은 독일 연방의회와 정치 토크쇼에서 여러 진영의 정치인들이 공개적으로 서로를 비웃고 조롱하는 장면에서 관찰할 수 있다. 독일대안당의 정치가 알리체 바이델은 조롱하는 웃음을 자신의 트레이드마크로 삼기도 했다. 호러 광대는 문명의 어두운 면을 상징하며, 오늘날에도 여전히 불안과 공포를 불러일으킨다. 광대의 얼굴에서 이를 알 수 있다. 평화로운 문화의 수면 아래에는 뭔가가 끊임없이 끓어오르고 있으며, 가면 뒤에는 종

종 눈에 보이는 것보다 훨씬 더 많은 것이 숨어 있다. 호러 광대는 인간이 통제할 수 없고 예측할 수 없는 섬뜩한 인간의 폭력성을 나타낸다. 그것이 바로 프로이트가 말한 '문명 속의 불만'이다.

당신은 어떤 가면을 쓰고 있는가?

프랑스 철학자 장 자크 루소는 '인간의 가면극'에 절망했다. 그는 인간이 사회에서 살아가는 순간부터 자신의 참모습과 인간성을 숨기기 위해 가면을 쓴다고 믿었다.

- 사람은 한 개 또는 여러 개의 가면을 쓰는가?
- 어떤 상황에서 가면이 유용하고 좋은가?
- 어떤 상황에서 가면을 벗는 게 좋은가?
- 자신의 가면을 완전히 벗는 것이 가능할까?
- 어떤 정치인이 광대를 떠올리게 하는 것은 우연일까?
- 정치인들은 본심을 숨기는 사람들이니까 광대의 가면은 정치인에 대한 가장 좋은 비유가 아닐까?
- 일부 정치인들이 재미있고 매혹적이며 동시에 무섭게 보일 수 있는 것은 그들이 특별한 가면 게임을 보여주기 때문은 아닐까?

문명은 야만적인가?

'아우슈비츠 사건 이후에 시를 쓴다는 것은 야만적이다.' 철학자 테오도어 아도르노가 연구 논문에서 쓴 말이다. 수많은 사람들처럼 그도 독일 역사에서 그 누구도 막을 수 없었던 가장 거대한 '문명 파괴' 사건에 절망하고 말았다. 이런 재앙 앞에서 예술과 문화가 무슨 의미가 있을까? 이 재앙이 인간의 모든 행위를 무의미한 것으로 만들어버린 건 아닐까? 아도르노는 문명이 언제든지 야만으로 돌변할 수 있다고 확신했다.

당신은 어떻게 생각하나? 그가 옳을까? 독일과 유럽에서 벌어진 홀로코스트와 같은 문명 파괴가 현재, 또는 미래에 또다시 발생할 수 있을까? 또한 평화를 보장하는 절대적인 안전이 없는 이유가 근본적으로 '문명 속의 불만' 때문일까? 민주주의는 오늘 당장 또다시 사라질 수 있을까?

혐오에 반응하는 새로운 해시태그가 계속해서 등장하고 있다. 2016년 9월 해시태그 #ichbinhier가 달린 '나는 여기에(Ich bin hier)'가 개설되었다. 이 집단은 페이스북에서 토론 문화를 개선하고자 만들어졌다. 회원들은 모욕과 헤이트 스피치가 담긴 글과 댓글을 가려냈다. 이 집단은 사실에 입각하고 서로를 존중하는 상호 교류를 지지한다. 또 다른 예로, 독일 켐니츠에서 극우파의 폭력적인 난동에 대응하여 2018년 '우리가 다수(Wir sind mehr)'라는 콘서트가 개최되었다. 그 결과 민주주의 기본 가치에 찬성하고 선동과 혐오에 반대하는 입장을 표현한 해시태그 #wirsindmehr가 소셜 네트워크에 퍼졌다. 그리고 '내가 샤를리다(Je suis Charlie)' 캠페인이 2015년 1월 7일 파리에서 테러 사건이 벌어진 그날 저녁에 열렸다. 국제 사회는 해시태그 #jesuischarlie를 달아 테러 희생자를 추모하며 연대를 표현했다.

사고 실험

혐오에 반대하는 해시태그

#ichbinhier #wirsindmehr, #metoo, #jesuischarlie
이 모든 행동에는 무언가를 반대만 하는 것이 아니라 무언가를 지지, 옹호한다는 공통점이 있다.

혐오에 반대하고 평화로운 공존을 위해 어떤 캠페인을 벌일 수 있는가? 해시태그를 다는 것만으로 충분한가? 또는 지금까지 충분히 논의되지 않은 주제나 사건에 해시태그를 붙일 만한 게 있을까?

2017년 한 해시태그 #metoo로부터 전 세계적인 움직임이 일어났다. 그것은 성폭행 당한 경험을 공유해 달라는 요청을 여성들이 받으면서 시작되었다. 일부 남성들도 이 요청에 동참했다. 미국 여배우 알리사 밀라노는 해시태그 #metoo를 확산시키는 데 기여했다. 그보다 훨씬 전인 2006년에 여성 인권 운동가 타라나 버크는 #metoo를 마이스페이스(MySpace) 플랫폼에서 처음으로 사용했다. 알리사 밀라노 같은 유명 스타가 동참하자 #metoo 가 주목을 받기 시작했다. 급기야 영화계 유명 인사들이 고발당하자 전 세계적인 운동으로 퍼져 나갔다. 가장 유명한 첫 가해자는 영화 제작자 하비 웨인스타인이었다. 그는 2020년 성폭행과 강간 혐의로 유죄를 선고받았다. 배우 캐빈 스페이시는 2017년 〈하우스 오브 카드〉의 배역에서 퇴출되었고, 소송에 걸렸다. 그의 재판은 2019년 증거 부족으로 중지되었다. 남성이 주도하는 영화계에서 시작된 미투 운동은 다른 영역으로, 사회 전반으로 확산되었다. 더 많은 여성들이 용기를 내 성희롱 경험을 말하기 시작했다. 이 운동은 남성의 '추근거리는 짓'도 고발할 수 있도록 여성들을 격려했다. 그때까지만 해도 성희롱에 대한 비난은 강간 혐의가 있는 경우에만 심각하게 받아들여졌다. 많은 사람들에게 미투 운동은 18세기 여성 운동이 시작된 이래 성희롱에 대한 가장 중대한 대응 가운데 하나였다. 1791년에 이미 프랑스 혁명가 올랭프 드 구주는 여성과 여성 시민의 권리 선언을 작성했다. 1789년 인간과 시민의 권리 선언에 여성이 포함되지 않았기 때문이다. 그때부터 지금까지 참으로 긴 여정이었다.

아이와 청소년의 성적 학대를 방지하기 위해 펼치는 독일 연방정부의 프로그램 '용기를 내라!'를 참조하라. https://www.trau-dich.de/deine-rechte/

5

조작

알겠어.

01. 우리를 쉽게 조종하는 것들

　　다들 이런 경험은 한번쯤 있을 것이다. 누군가에게 붙들려 귀가 따가울 정도로 말을 들어야만 했던 경험 말이다. 무조건 시청해야 한다는 TV 드라마에 대해, 급히 구입해야 하는 쇼핑 목록에 대해 이야기를 들었을 지도 모른다. 또는 어떤 이슈에 대한 의견이나 유용한 정보도 들었을 수도 있다. 아니면 쉴 새 없이 떠드는 수다쟁이한테 그냥 붙들려 있었을 수도 있다. 어쨌거나 너무 많은 정보를 접하게 되면 굉장히 힘들고 심지어는 현기증이 난다. 그렇게 시달리다 보면 내가 평소에 하지 않을 말이나 행동을 하거나, 쓸모없는 뭔가를 구매하게 된다. 이거야말로 조종당하는 게 아닐까?

　　이것은 영업 사원들이 즐겨 쓰는 판매 전략이다. 말하자면, 고객이 제품을 구매하도록 고객을 대화에 끌어들이는 것이다. 어떤 영업자는 고객이 필요한 물건인지 아닌지 관심도 없고 온갖 제품 정보로 고객을 홀린다. 어떤 영업자는 고객에게 생각할 시간을 주지 않고 분위기를 주도하며 친절한 자세로 구매를 유도한다. 능수능란한 태도가 주저하고 있는 고객에게 돈을 지불하도록 이끄는 전략이다. 이와 달리 '훌륭한' 영업자는 고객이 제품 구입에 필요한 조언과 안내를 아끼지 않는다. 그런데 어디까지가 조종이고 어디까지가 조언인가?

　　판매 기술은 고객 특성을 파악하여 그에 걸맞은 친절함과 올바른 구매 필요성을 제시하여 환심을 사는 일이다. 그런데 판매자가 고객의 관심에 더 이상 기울이지 않고 오직 판매에만 매달릴 경우 그건 저급한 조종일 뿐이다. 이런 영업자는 고객이 정말로 필요한지, 아니면 제품을 소유하고 싶은 건지 전혀 관심이 없다! 이에 비해 훌륭한 영업자는 책임감을 가지고 일하며 고객 특성을 잘 파악한다. 이런 영업자는 고객의 환심을 사기 위해 행동할지, 아니면 그저 제품만 건넬지 결정한다. 여느 영업자와는 다른 높은 수준의 조종 기술을 구사한다. 말하자면 자신이 원하는 대로, 자신이 정한 대로 상대방이 행동하게 하면서 자신의 이익을 챙기는 것이다. 상대방은 이를 전혀 눈치 채지 못한다. 심리학에서는 이런 사람을 룰 메이커(rule maker)라고 말한다. 이런 사람은 상대방이 어떻게 행동해야 할지 제시한다. "오늘 밤에 전화해!", "우리 지금 스파게티를 만들고 있어." 또는 "우리 집에서 오후 3시에 봐." 특별히 악의가 있어 보이지는 않지만, 룰 메이커는 항상 자신의 의도대로 일이 흘러가기를 바란다. 하지만 만약 상대방이 자기의 규칙을 어기면 화를 내고, 상대방이 결정하려 하면 당혹스러워한다.

사고 실험

다음과 같은 상황이 조종일까?

…초대받지 못한 여자 친구가 파티에 가지 말고 자기랑 같이 시간을 보내자고 나에게 부탁한다면?

…내가 약속 장소에 몇 분 늦게 도착할 거라고 말하니까 한 친구가 마치 모욕당한 것처럼 반응한다면?

…누군가가 어떤 일이 자신에게 맞지 않는다며 불같이 화를 내고 으르렁댄다면?

…내 친구들이 못마땅해하는 친구와 내가 가까워지자 내 친구들이 더 이상 나와 만나지 않겠다고 한다면?

…부모가 나의 소원을 들어주지 않으면서 계속해서 나에게 소원이 무엇인지 묻기만 한다면?

…어떤 사람이 다른 사람에게 무심하게, 거리를 둔 채 냉담하게 대한다면?

…누군가가 제삼자에 대해 항상 험담을 늘어놓는다면?

…누군가가 싫은 소리 몇 마디 들었다고 울기 시작하거나 토라져 있으면?

…어떤 선생님이 한 아이를 칭찬하기도 하고 혼내기도 한다면?

사고 실험

나는 조종을 잘하는 사람일까?

일부 사람들은 룰 메이커 게임을 꽤 잘한다. 그들이 말과 행동을 항상 주도하려는 모습을 보면 알 수 있다. 만약 그들이 다른 사람을 생각하지 않는다면, 대부분의 경우 그를 조종하려는 것이다.

• **거리 두기 게임** 언제나 일정한 거리를 두고 '쿨하게' 행동하는 사람들이 있다. 이들과는 어떠한 정서적인 유대감을 형성하기 힘들다. 그들이 진짜 무관심할 수도 있고, '거리 두기'를 이른바 조종의 전략으로 쓰고 있는지도 모른다. 그들은 다른 사람을 보지 않고 접촉을 허용하지 않음으로써 상대방을 불안하게 만들고, 자신을 상대방보다 우월하게 여긴다. 이로써 그들은 다른 사람들에 대한 권력을 얻는 것이다.

• **떠버리 게임** 쉬지 않고 자신을 과시하는 사람이 있다. 끊임없이 자기 자랑을 늘어놓는 사람은 다른 사람을 힘들게 할 뿐만 아니라 조종에도 능하다. 다른 사람들이 그에게 질려버리기 때문이다.

- **바보 게임** 거의 모든 사람이 바보 게임을 잘한다. 멍청한 척하며 이렇게 말한다. '넌 나보다 훨씬 더 잘할 수 있어.' 또는 '절대 아니야. 난 한 번도 잘한 적 없어.' 자신의 약점을 인정하는 것은 좋지만, 어떤 일을 하지 않기 위해 이를 이용하거나 과장하는 것은 조종에 가깝다.

- **불쌍한 돼지 게임** 언제나 희생자처럼 행동하고 자신이 얼마나 불행한지를 한탄한다. 이런 사람은 자기연민에 빠져 있다. 당연히 살면서 모두가 불운을 겪고, 아무것도 할 수 없는 사면초가에 부딪힐 때가 있다. 그럴 때마다 책임을 전가하고 피해자 코스프레를 하는 사람은 아마도 연민과 주목을 받고 싶어 하거나 특별 대우를 원한다.

- **중상모략 게임** 특정한 사람을 험담함으로써 주변을 조종하는 것이다. 이렇게 하면 다른 사람들이 이 사람에 대한 인식을 바꾸게 된다. 이로써 그 사람에게만 해를 끼치는 것이 아니라 다른 사람들의 인식에도 영향을 끼친다.

이를 통해 나는 나 자신 또는 다른 사람을 달리 보게 될까?

02. 조종은 어떤 영향을 미칠까?

그늘 온도가 28도인 여름, 사람들 대부분이 주변에서 아이스크림을 먹고 있다. 아이스크림을 들고 있는 사람을 많이 볼수록 당신도 아이스크림을 손에 들 확률이 높아진다. 어린 시절 아이스크림을 먹었을 때 어땠나? 처음 먹었던 아이스크림 맛은? 얼마나 아이스크림을 먹고 싶었나? 부모님이 아이스크림을 못 먹게 하면 얼마나 떼를 썼나? 흔히 아이들은 눈으로 본 것, 흥미로운 모든 것을 만지거나 갖고 싶어 한다. 물론 어른이라고 해서 크게 다르지는 않을 듯싶다. 하고 싶은 것을 반드시 해야 하는 사람은 다른 사람을 조종하거나 영향력을 발휘해서 원하는 것을 쟁취한다. 조종이 항상 나쁜 것은 아니며, 언제나 고약하고 악의적인 의도가 있는 것도 아니다.

커뮤니케이션 학자이자 심리학자인 파울 바츠라비크는 이렇게 말했다. "인간은 소통하지 않을 수 없다." 말로 하든 제스처로 하든, 언어적 혹은 비언어적 수단을 써서라도 인간은 항상 소통한다. 바츠라비크에 따르면, 사람들의 소통 형태는 광범위하다. 다른 사람들을 무시하거나 그들과 별로 엮이고 싶지 않다는 의사를 밝히는 것, 사람들 앞에서 말을 하지 않는 것과 피하는 것도 의사소통의 일부다. 왜냐하면 이런 태도 역시 무시당한 사람과의 관계에 영향을 끼치기 때문이다. 이는 영향력을 행사하는 것과도 유사하다. 말하자면 우리는 서로에게 영향을 끼칠 수밖에 없다. 내가 행하고 말하는 모든 것이 내 주변 환경에 작용하고, 그 반대도 마찬가지다. 다른 사람들이 행한 것과 주변 환경에서 일어나는 모든 일에서 나는 끊임없이 영향을 받는다. 그렇다고 해서 우리가 원하는 것을 할 자유가 없거나, 자신의 의견을 가질 수 없다는 뜻은 아니다(적어도 대부분의 경우에!).

심리학자와 사회학자는 거듭 말한다. 우리 주변 환경과 외부 요인은 나에게 커다란 영향을 끼친다. 즉, 내가 무엇을 좋게 또는 나쁘게 말할지, 내가 어떤 TV 드라마와 어떤 취미에 관심을 가질지, 내가 어떤 제품을 구입할지 등은 온전히 나의 선택에 의해 결정되지 않는다. 말투, 취향과 소비 성향(특정 제품에 대한 선호도 마찬가지다) 등은 그저 타고난 게 아니라, 주변 사람들 혹은 사회와의 교류에서 생겨난 것이다.

만약 당신이 마트에 갈 일이 있다면, 어떤 음악이 들리는지 유심히 들어보라. 음악은 결코 우연히 선곡되지 않는다. 왜냐하면 분위기를 좋게 하여 고객이 더 오랫동안 마트에 머물 수 있게 한 다음 더 많은 상품을 구입하도록 하는 데 필요한 선율을 흘려보낸다. 흔히 대중적으로 인기 있고 라디오에서 흘러나오는 노래다. 마트의 배경 음악은 좋은 분위기를 조성하기 위해 선곡되고, 고객의 구매 욕구를 높인다. 혹시 값비싼 제품이 쉽게 잡을 수 있는 매대나 고객 눈높이에 맞춰 진열되고, 값싼 제품은 언제나 아래쪽에 놓여 있는 것을 눈여겨본 적이 있는가? 이것 역시 결코 우연히 아니다. 물건은 더 좋고 더 비싼 제품에 고객의 손이 가도록 진열되어야 한다. 이런 구매 유도는 계산대에 달콤한 제품을 진열하는 것에도 적용된다. 이는 대기 줄이 길 때 지루해하는 아이들을 사로잡는 방법이다. 또한 고객이 바로 집어갈 수 있도록 껌, 사탕 같은 작은 것들과 할인 제품을 계산대 앞에 진열한다.

마트 운영 시스템은 뛰어난 인재와 석학 들이 고안해 낸 결과물이다. 심리학의 도움을 받아 인간 뇌가 어떤 자극에 가장 잘 반응하고, 이를 기반으로 어떻게 하면 고객이 최대한 많은 상품을 구입할 수 있는지 거듭 테스트를 거친다. 이것이 바로 과학계에서 새로운 영역으로 등장한 뉴로마케팅(neuromarketing)이다. 말하자면, 구매 결정이 인간 뇌에서 어떻게 이뤄지고, 어떤 광고가 가장 주효한지 궁리한다. 2002년 펩시콜라와 코카콜라의 광고를 비교하는 연구 결과에 따르면, 코카콜라 광고가 펩시콜라 광고보다 더 많은 뇌 영역을 자극했다고 밝혀졌다. 뉴로마케팅 전문가들은 소비자의 무의식적인 제품 선택과 일상적인 구매 결정에 특히 감정이 크게 작용한다고 믿는다. 비록 우리가 어떤 제품을 구입할 때 의식을 갖고 합리적으로 고민한다고 해도, 감정과 외부 자극의 영향으로부터 완전히 자유로울 수 없다.

광고계 사람들은 이를 백 년 전부터 알고 광고에 적극적으로 활용하고 있다. 산업계 전체가 사진, 색깔, 향기, 다양한 종류의 맛과 포장으로 최대한 많은 사람들에게 소비를 부추기기 위해 열을 올리고 있다. 광고에서 가장 중요한 전략은 특정 사람의 욕구를 알아내는 것이다. 광고 전문가들은 거의 모든 소비자들이 소속감, 행복, 성공, 자아실현, 자유, 안정을 동경하고 있다는 것을 알고 있다. 그렇기 때문에 포장과 마케팅 과정에서 제품의 스토리가 이런 주제들을 담도록 주의를 기울인다. 이런 제품을 구매할 때마다 소비자들은 욕구가 충족되고, 만족감과 행복감을 느낀다. 이런 이유로 뉴로마케팅 전문가들은 모든 구매 행위가 감정에 의해 결정된다고 주장하는 것이다. 어떤 사람들은 구매할 때마다 기분이 좋아진다. 쇼핑 중독 이야기가 그냥 나온 게 아니다. 소비자는 제품 구입과 더불어 따라오는 감정에 취하기도 한다. 온라인에서도 예외가 아니다. 페이스북에서 '좋아요' 버튼이 뇌에서 긍정적인 감정을 불러일으키는 것처럼('좋아요'를 받을 때나 누를 때나) 온라인 소비도 행복감을 느끼는 호르몬을 분비하게 한다. 당연히 소비에 중독될 수 있다. 쇼핑 중독은 명백한 질병이다.

이렇듯 사람들에게 영향을 미치는 것이 정치계에도 중요한 역할을 한다. 인간을 자극하여 무엇을 하게 만드는 '넛지' 이론이 있다. 미국 행동경제학자 리처드 탈러와 법학자 캐스 선스타인은 2008년 《넛지: 똑똑한 선택을 이끄는 힘》을 출간했다. 내용은 다음과 같다. 원래 모든 인간은 착하게 살고 싶어 하고, 자신과 환경을 위해 무슨 일이라도 하고 싶어 한다. 또한 기꺼이 체력을 단련하고, 건강한 음식을 먹고, 노년을 위해 저축하고, 쓰레기를 분류해 버리고, 이산화탄소를 적게 배출할 수 있다. 하지만 현실에서의 모습은 그렇지 않다. 그래서 인간의 습관과 편리를 속여 이런 일을 하도록 유도해야 한다. 연구자들은 사람들이 행동하도록 옆구리를 부드럽게 쿡쿡 찌르는 개입, '넛지'를 생각해 냈다(버락 오바마와 앙겔라 메르켈은 전반적으로 이 이론을 추종하는 정치인이다). 예를 들어, 사무실이 많은 건물에 계단을 엘리베이터보다 더 눈에 띄게 배치했다. 사람들이 계단을 더 많이 이용할 수 있도록 하기 위해서 말이다. 충분한 걷기를 염두에 둔 만보기 앱도 있다. 구내식당에서 샐러드는 눈에 띄는 곳에 두고, 고지방 치즈를 얹어 구운 라자냐는 구석에 배치한다. 이런 모델을 바탕으로 정치와 과학은 사람들이 스스로 운동하고, 저축하고, 지속적으로 교육받고, 장기와 혈액을 기증하고, 환경을 보호할 수 있도록 원동력을 제공해야 한다. 넛지의 큰 장점은 벌금과 세금을 굳이 부과하지 않아도, 법적인 금지를 강요하지 않아도 이와 같은 행동을 유도할 수 있다는 것이다.

종이를 절약하기 위해 프린터가 자동으로 양면을 인쇄하도록 설정할 수도 있다. 종이 한 면만 인쇄하고 싶은 사람은 우선 프로그램 설정을 변경하는 수고를 들여야 한다. 이 외에도 기본 옵션으로 친환경 전기 공급 설비를 갖추도록 제안할 수도 있고, 마트에서는 육류보다 지역에서 생산된 제철 야채를 더 눈에 띄게 진열할 수도 있다. 올바른 행동을 유도하는 넛지를 통해 급격한 기후 변화로 발생하는 피해를 줄일 수도 있다.

2017년 리처드 탈러는 넛지 이론으로 노벨 경제학상을 수상했다. 하지만 많은 사람들에게 비판도 받았다. 어떤 사람들에게 이 접근 방식은 통제와 조종의 여지가 있어 보이고, 또 다른 사람들에게는 이 방식의 효과가 미비하게 보인다. 특히 환경 보호 영역에서 넛지는 영향력이 크지 않다. 기후 변화의 주요 요인들, 가령 비행기와 자동차의 과도한 운행, 난방, 지나친 동물성 식품 소비 그리고 전 세계에서 매일 벌어지고 있는

값싼 제품 소비는 넛지를 통해 충분히 해결될 수 없다. 일반적으로 넛지는 자녀가 잘 먹지 않는 건강한 음식을 맛있게 먹이려고 할 때 유용하다. 이처럼 넛지는 영향력을 갖고 있지만 조종의 의도가 없을 경우라면 매우 정상적이고 무해하다. 말하자면 자녀에게 야채를 먹이기 위해 일부 부모님이 보상을 약속하는 경우에 유용한 기술이다. 이 경우 과연 넛지일까, 아니면 조종일까?

사고의 도약

일 년 내내 알을 낳게 하라

인간은 자연환경을 바꾸려 할 때 매우 창의적이다. 축산업에서 특히 그러한데, 더 많은 달걀을 얻기 위해 암탉에게 특별한 사료를 먹이고 닭장의 온도를 높이고 특수 조명을 비춰준다. 하루에 약 14시간 동안 빛을 비추면 암탉이 가장 많은 알을 낳는다. 이를 가리켜 '알 생산 능력의 최적화'라고 한다.

사고 실험

한 끼 식사로 세계를 구한다?

과거에 아무리 사회 관습이 뿌리 깊이 박혀 있었다 해도 변화는 늘 있어왔다. 비행기 안에서 만연했던 흡연이 금지되었고, 자동차 안전띠 매는 습관도 정착되었고, 소아마비 예방주사도 반드시 접종해야 한다. 그런데 왜 기후 변화를 악화시키는 사회 관습을 바꾸지 못하는 걸까? 《우리가 날씨다!》에서 조너선 사프란 포어는 관습을 바꾸는 게 가능하다고 주장한다. 그는 사람들이 조금만 양보하면 기후에 아주 대단하고 긍정적인 영향을 끼칠 수 있다고 말한다. 이는 매우 단순하며, 그렇게 급진적이지도 않다. 예를 들어, 모든 사람이 똑같이 비건일 필요는 없고, 파트타임 비건*이면 된다. 이 산화탄소를 가장 많이 배출하는 업종이 가축 사육이다. 그러니 우리가 실천할 수 있는 가장 간단한 방법은 육식을 줄이는 파트타임 비건일 수 있다. 하루 중 한 끼 정도만 채소를 먹는 등의 습관을 통해 우리가 누렸던 생활을 조금씩만 포기하면 된다.

이 방법이 과연 전 세계인이 할 수 있는 현실적인 방안이 될 수 있을까? 이 방안은 사회에 어떤 결과를 초래할까? 결국 세계를 구할 수 있을까?

사고 실험
영향력 행사와 조종을 업으로 한다면 어떨까?

영향력 행사와 조종은 일상에서 성공 확률이 큰 사업 모델이다. 일부 인플루언서는 제품을 블로그 등에 포스팅하고 특정 브랜드를 자신의 영상에 광고하는 일을 업으로 삼는다.

내가 인플루언서라면 어떤 제품이나 주제를 선택하겠는가? 당신은 어떻게 소개할 수 있는가? 협업하고 싶은 기업은 어디인가?

---

*엄격한 비건과는 달리 특정 시간 또는 단기간 비건이 되는 것. 예로 하루 중 한 끼, 아니면 일주일에 두 끼 정도만 비건으로 식사하는 것을 파트타임 비건이라 한다.

03. 포퓰리스트의 조종 기법

포퓰리스트[**]는 조종의 달인들이다. 이들은 국민 핑계를 대며 화려하게 등장하고 엘리트에 대항한다. 그래서 쉽게 이들을 알아볼 수 있다. 포퓰리스트는 문제를 지적하는 데는 능숙하지만 해결책은 거의 갖고 있지 않다. 설령 해결의 실마리를 갖고 있다고 해도 별 도움이 되지 않는다. 포퓰리스트는 말주변이 뛰어나고 슬로건도 잘 만들어내며, 선동도 잘하고 자신의 약점을 감추는 기술도 빼어나다. '상류층'과 '하층민'을 구분하는 것도 모든 유권자의 호감을 사기 위한 전략이다. 세금을 낮춰라! 연금이 너무 낮다! 유럽연합에서 탈퇴하라! 나라가 망해가고 있다! 미국을 다시 위대하게!(트럼프의 구호) 우리가 국민이다! 이들 슬로건은 단순하기 때문에 매혹적으로 들린다. '이것들은 그저 의견일 뿐이며 좋을 수도, 나쁠 수도, 중립적일 수도 있습니다', '이들은 하나의 의견에 지나지 않으며, 이렇게 간단한 해결책에 무엇이 잘못될 수 있겠습니까?' 포퓰리스트는 유권자들이 이렇게 생각해 주기를 바란다. '모든 것이 이처럼 단순하니, 유권자 당신들은 내게 한 표만 주면 됩니다!'

이 외에도 포퓰리스트에게 중요한 것은 바로 적을 만드는 일이다. 포퓰리스트는 위와 같은 슬로건을 내걸고서 세계화, 이민과 이주, 엘리트, 미디어('가짜 뉴스'), 사회적 불평등, 유럽연합 또는 소수자 가운데 하나를 콕 찍어 적으로 삼아 투쟁한다. 따라서 희생양 없는 포퓰리즘은 없

[**]다수를 위한 정책을 수립하고 실행하는 포퓰리즘의 본래 의미와는 상관없이 정치적 야망을 위해 대중의 인기만을 좇는 정치인을 이르는 말.

다(희생양에 대한 메커니즘은 2장 '도발'과 4장 '혐오' 참고). 이들의 논리는 모두 비슷하다.

포퓰리스트의 주장에서 핵심은 자신들만이 사회의 몰락을 구제할 수 있다는 것이다. 이는 두 가지를 전제로 한다. 첫째, 사회는 몰락 직전에 와 있기 때문에 위기에서 벗어나야 한다. 둘째, 포퓰리스트가 권력을 잡았을 때만 사회를 구할 수 있다. 따라서 포퓰리스트가 반드시 권력을 손에 넣어야 한다.

포퓰리스트는 정권을 잡기 위해 유권자들을 어떻게 꾀어낼까?
이들은 어떤 전략과 방법으로, 어떤 말로 '국민'에게 영향력을 발휘하여 표를 얻으려고 할까?
가장 중요한 전략을 아래에 소개한다.

말과 설명은 간단하게!

포퓰리스트는 국민에게 친근한 사람으로 자신을 연출하고, 간단한 언어와 단순한 설명을 내놓는다. 궁극적으로 사회 몰락의 책임이 누구에게 있는지는 그들에게 중요하지 않다. 그러나 현실 정치에서 몰락의 책임을 누구에게, 어디에 두느냐는 큰 차이를 만든다. 말하자면 자본주의, 기후 변화, 이슬람, 난민, 유대인, 부패한 엘리트, 세계화 가운데 몰락의 책임을 어디에 두는가에 따라 국민을 어떤 방향으로 이끌 것인가가 결정되기 때문이다. 하지만 포퓰리스트는 문제의 원인과 해결에 집중하기보다는 단순한 답변만 늘어놓는다. 예를 들면, 자비 없는 난민 추방, 이슬람 사원 건립 금지, 미국과 멕시코 국경에 장벽 설치, 무조건적인 유럽 연합 탈퇴, 기후 변화는 거짓말 등등의 단순 논리가 그것이다. 이런 논리가 잘 먹힌다는 것에는 의문의 여지가 없다. 적어도 도널드 트럼프 같은 포퓰리스트가 세계에서 가장 강력한 국가의 대통령이 된 적도 있으니 말이다. 이것만 보아도 포퓰리즘이 전 세계적으로 성공을 거두며 확산되는 이유를 알 수 있다. 이와 별개로 눈에 띄는 점은 포퓰리즘을 선동하는 사람은 여성보다 남성이 더 많다는 것이다.

우리가 국민이다!

포퓰리스트는 국민을 들먹이며 국민의 뜻을 대변하는 진정한 정치인이 자신이라고 주장한다. 이들은 사회를 '어리석은 대중'과 '지도층'으로 구분한다. 또한 엘리트들과 고위 정치인이 소홀하게 대하는 소시민에 대해서도 곧잘 이야기한다. 특히 우파 포퓰리스트는 '우리가 국민이다!'라고 말하지만, 여기서 '우리'는 일반적인 공동체가 아니다. 독일의 경우, 민족주의를 표방하는 우파 포퓰리스트에게 '우리'란 출생지와 국적 모두 독일로 되어 있는 독일 국민뿐이다. 따라서 포퓰리스트는 다른 나라에서 이주한 사람들을 적으로 삼는다. 그래서 기회가 있을 때마다 '과도한 외국인 유입'을 경고한다. 이들은 전역에 대고 주야장천 떠들어댄다. '난민 위기를 극복해야 한다.' 그런데 재미있는 사실은 역사의 아이러니가 있다는 것이다. 1989년 동독의 자유 제한 정책에 저항하기 위해 수많은 독일인들이 '우리가 국민이다!'라는 슬로건을 외치며 거리로 나섰다. 통일을 염원한 시위대는 더 많은 관용, 자유, 열린사회를 요구했는데, 오늘날 이 독일인 우파 포퓰리스트들은 같은 슬로건을 외치면서 이와 정반 대의 길을 가고 있다!

예전이 더 좋았어!

우파 포퓰리스트는 특히 과거와 인연이 깊다. 예전이 더 좋았 다고 말하면서 종종 향수에 젖는 것 같다. 그들은 전통적이고 보수적인 가치를 믿는다. 남녀평등을 거부하고, 모든 잘못의 책임이 대부분 세계 화와 난민에 있다고 생각한다. 그들의 적은 과거의 가치를 기술 진보와 해 방, 다양성과 포용성으로 대체한 글로벌 엘리트들이다. 또한 그들은 이 민자, 여성, 성소수자 또는 장애인을 포함한 모든 인간이 평등하다는 이 념을 사회적 퇴보로 여긴다. 따라서 순종을 미덕으로 삼은 올바른 남녀 가 살았던 전통 세계가 그들에게는 이상 세계다. 다음 슬로건 역시 회자 되고 있다. '난민 위기 이전의 독일로 돌아가고 싶다!' 물론 이 슬로건에는 현 상황이 달갑지 않다는 것 외에 아무 내용도 들어 있지 않다. 소위 위기 이전의 독일 사회가 구체적으로 어떤 모습이었는지는 침묵한다.

감정 호소 작전

포퓰리스트는 흔히 감정적이고 비유적인 언어를 사용한다. 그 들은 과장하고 선동하고, 종종 저속한 표현을 쓴다. 중요한 것은 이런 말 을 듣게 되면 여러 감정이 촉발된다는 것이다! 뇌과학자들은 감정이란 것 이 우리 결정에 미치는 영향력이 우리가 의식하는 것보다 훨씬 더 크다는 사실을 거듭 강조한다. 예를 들면, 우리가 어떤 것이 좋은지, 나쁜지를 판단할 때도 감정이 강하게 작용한다. 따라서 감정은 기본적으로 도덕적 신념과 같은 것이다. 동시에 감정은 정치적 견해와 성향에도 영향력을 발휘한다. 예를 하나 들어보자. 터무니없게 들리겠지만 그냥 흘려버릴 소리는 아닌 것 같다. 혐오감을 빨리 느끼는 사람들은 흔히 우파에 투표하고 인종 차별적 의견을 가질 가능성이 크다. 자칭 분노하는 시민은 사실 혐오하는 시민이다. 포퓰리스트는 이를 잘 알고 있기에 의도한 바대로 인간의 부정적인 감정을 자극한다. 그것이 분노이든, 분개이든, 불안이든, 수치심이든, 절망이나 혐오이든 간에 말이다.

　　포퓰리스트는 왜 이런 전략을 쓸까? 그건 사람들이 감정적일 때 조종이 더 쉽기 때문이다! 불안해하고, 불안정하고, 위협이나 소외를 느끼는 사람들과 집단은 이런 방식의 조종에 취약하다. 그리고 이들의 불안과 두려움을 계속 뒤흔들 만한 콘텐츠와 뉴스가 정기적으로 제공되어야 한다. 포퓰리스트를 대할 때는 주의할 사항이 있다. 가능하면 냉정하고 객관적이고 어떤 외부 자극에도 동요되지 않는 자세를 유지해야 한다. 그리고 선동이나 도발에 넘어가지 말아야 한다. 왜냐하면 분노와 분개, 격앙은 포퓰리스트가 바라는 감정이기 때문이다. 그들의 속임수와 전략에 속지 말고, 자신의 분노와 격분은 정말로 중요한 일과 이슈, 그리고 자신의 신념에 따른 일에 쓰도록 해야 한다.

포퓰리스트가 좋아하는 전략들

　　포퓰리스트는 종종 자신의 이득을 챙기기 위해 가능한 모든 수단을 동원한다. 그들은 우리의 관심을 돌리기 위해, 우리를 기만하고 잘못된 길로 밀어 넣기 위해 조종한다! 이때 그들은 진실이 무엇인지 전혀 따지지 않는다. 그저 다음과 같은 단순한 원칙을 따른다. '정치적 행위란 목적을 완수하기 위한 수단일 뿐이다.' 그렇기 때문에 진실하거나 올바르거나 선하지 않아도 된다!

포퓰리스트가 선호하는 몇 가지 전략을 소개한다. 당연히 정치인들도 이들 전략을 효과적으로 이용할 줄 안다.

난 무고한 사람이야
자기가 무고한 사람임을 내세워 상대방의 비난과 비판을 무력하게 만드는 시도다! 자신이 말한 의도는 원래 그것이 아니라고, 자신은 그저 중산층에 속한 시민에 불과하다고 주장한다.

그쪽이야말로주의
고발, 고소를 당했을 때 오히려 맞고소로 대응하거나, 화제를 뜬금없이 그냥 바꿔버린다! 비난의 화살을 돌리는 기법인, 이른바 그쪽이야말로주의(whataboutism)이다. 예를 들어, 기후 보호를 위해 하는 일이 별로 없다는 비난을 받게 되면, 세계의 최빈국을 거론하며 그에 비하면 기후 변화 해결책은 사치라고 주장한다.

공격이 최선의 방어!
상대방을 비방하고 상대방의 주장을 왜곡한다. 사정이 급할 경우 소문, 절반의 진실, 음모론, 가짜 뉴스를 동원한다.

피해자 코스프레

자신이 음모, 계략의 희생자라고, 공정한 원칙을 따르지 않는 언론 보도의 피해자라고 주장한다! 누군가가 자신을 의도적으로 곡해하고 있다는 주장을 즐겨 사용한다.

사고의 도약

영향력이란 다른 사람을 움직이는 권력이다?

사회학자 막스 베버는 권력에 대해 정의하기를, '저항이 있어도 자신의 의지를 실행하는 능력'이라고 했다. 유작 《경제와 사회》에서 그는 권력에 대해 '사회관계 안에서 여러 저항이 있어도 자신의 의지를 실행할 수 있는 기회이며, 이 기회가 어디에 기반하고 있는지는 상관없다'고 서술했다. 오늘날까지 수많은 정치인과 전문가가 이 정의를 따르고 있다. 대표적 인물이 미국 전략가 로버트 케이건이다. 그는 권력이란, 다른 사람들에게 내가 원하는 것을 하도록 만들고, 내가 원하지 않는 것을 못 하게 하는 능력이라고 정의했다.

영향력과 조종은 언제나 권력의 문제일까?

사고 실험

기회일까, 위험일까?

포퓰리즘은 항상 나쁜 걸까? 흔히들 포퓰리스트는 좋은 것을 약속하지만, 좋은 일을 하지 않는다고 말한다. 그럼에도 포퓰리스트는 당면 문제와 시급한 주제에 사람들이 주목하게 만든다.

포퓰리즘 운동은 민주주의에 있어 위협일까, 아니면 기회일까? 포퓰리즘은 중요한 오류와 문제점을 지적함으로써 민주주의를 강화하고 바로잡을 수 있을까, 아니면 민주주의의 안정과 평화로운 결속에 위험이 될까? 결국 중요한 것은 포퓰리즘에 대한 정도의 문제이지 않을까? 즉, 포퓰리즘에 대한 호불호가 아니라, 포퓰리즘을 얼마나 좋아하느냐가 핵심이지 않을까?

사고의 도약

카리스마 넘치는 지도자가 정말로 필요할까?

막스 베버는 통치 형태를 세 가지로 구분했다. 관료주의와 같은 합법적인 통치, 가부장적인 사회 질서를 추구하는 전통적인 통치, 지도자의 약점 때문에 문제가 생길 수밖에 없는 카리스마 통치. 아돌프 히틀러의 나치 과거사 때문에 독일인은 '권력'과 '통치'라는 낱말을 꺼린다. 이 낱말이 억압과 공포 정치를 떠올리게 하기 때문에 권력과 통치에 대한 객관적인 토론이 어렵다.

국정을 잘 운영하기 위해 카리스마 넘치는 지도자가 필요할까? 아니면 이는 이미 한물간 생각일까?

한 국가 원수가 유독 한 명인 이유는 무엇일까? 여러 명으로 구성된 위원회가 더 낫지 않을까? 2019년의 핀란드처럼 다섯 명의 여성이 국정 운영을 더 잘하지 않을까? 이에 대한 찬반 논거는 무엇일까?

04. 우리가 가짜 뉴스에 빠지는 이유

2017년 독일에서는 올해 최악의 단어로 '대안적 사실(alternative facts)'이 선정되었다. 이 '대안적 사실'은 '검은 백마'처럼 의미가 서로 상반된 두 개의 말이 조합된 단어다. 대안적 사실은 그 자체로 모순이다. 왜냐하면 일반적으로 사실은 다른 것으로 바꾸거나 대체할 수 없기 때문이다. 물론 사실에 대해 여러 의견을 가질 수 있고, 사실을 다양하게 해석할 수 있고, 그로부터 다른 결론을 낼 수도 있다. 하지만 대안적 사실이란 존재할 수 없다. 만약 올바른 결정을 내리고 해결 방안을 찾는 일이 중요하다면, 대안적 선택이 있을 수 있다. 하지만 사실에 관해서는 그럴 수가 없다. 가짜 뉴스 미디어처럼 대안적 사실이란 개념도 우파 집단(미국에서는 이런 극보수주의를 알트라이트'라고 부른다)이 만들어낸 것이다. 폭스 뉴스와 브라이트바르트 웹 사이트(breitbart.de) 같은 여러 미디어 플랫폼을 통해 우파 집단은 자신들의 뉴스를 퍼뜨린다. 우파 집단이 대안적 사실이라고 말한 것들은 대부분 가짜 뉴스다. 이를 통해 자신의 정적을 약화시키고 비방한다. 그렇기에 대안적 사실은 유리한 여론을 형성하고 자기들의 정치를 정당화 하는데 유용한 투쟁 이념이기도 하다.

미국 극보수주의 집단 가운데 가장 중요한 스피커 역할을 하는 브라이트바르트에 「폭로: 천 명의 남성 폭도들이 가장 오래된 독일 교회에 방화하다」라는 보고서가 실렸다. 곧 알게 되겠지만, 여기서는 여러

---

*영어 표기는 alt-right, 즉 alternative right(대안 우파)이다. 극단적 백인 우월주의를 내세우는 온라인 보수 세력으로 세계화, 이민, 유대주의, 이슬람주의, 페미니즘을 반대한다.

사실들이 왜곡되었다. 이 보고서는 루르 지역의 뉴스 보도에서 시작되었다. 브라이트바르트의 보도는 다음과 같다. '2016년 12월 31일 밤 북아프리카 출신의 젊은이들이 도르트문트의 라이놀트 교회를 방화한 것으로 추정된다. 이들 가운데 시리아 난민 출신의 폭도가 있었는데, 그의 이름은 알라후 아크바르다.' 하지만 실제로 불탄 것은 교회가 아니라(이 교회가 독일에서 가장 오래된 교회도 아니다), 작업을 위해 설치해 둔 비계였다. 그리고 브라이트바르트 보고서가 추정한 의도적인 방화도 없었다. 단지 비계에 우연히 떨어진 폭죽이 불을 일으킨 것이었다.* 그날 저녁에 몇 차례 사소한 난동이 있었을 뿐이다. 이날 불꽃 폭죽이 군중과 경찰들을 향해 날아갔지만, 따로 언급할 만한 폭력 사태 없이 무사히 지나갔다. 경찰서와 소방서의 논평에 따르면 그날도 예전처럼 '평범한' 연말이었다고 한다. 브라이트바르트가 잘못된 보도를 내보낸 의도는 명백하다. 모든 것이 마치 무슬림이 유럽 문화를 공격하는 것처럼 보이게 하기 위함이었다.

그 후에 일어난 일은 가짜 뉴스가 어떻게 혐오와 선동을 촉발할 수 있는지를 보여주는 전형적인 예시가 되었다. 브라이트바르트의 보고서는 약 300번 공유되었다. 오스트리아의 우파 언론인 주간 신문 보헨블리크(Wochenblick)에는 브라이트바르트의 잘못된 보도를 그대로 이어받은 기사가 실렸고, 약 800번 이상 공유되었다. 이 잘못된 보도는 소셜 미디어를 통해 독일 전체를 한 바퀴 돌아 출발점으로 다시 돌아왔다. 도르트문트의 네오 나치는 도르트문트 에코(Dortmund Echo) 사이트에 글을 올렸고, 트위터와 페이스북에는 혐오 댓글이 연달아 올라갔으며, 심지어 독

---

*독일에서는 연말에 악귀를 물리친다는 풍속이 있어 폭죽을 터트린다.

일 연방의회 의원들도 허위 보도에 사로잡혀 언론에 성명을 발표했다. 루르 지역 뉴스에는 수많은 공갈 협박, 교수대와 잘린 머리들을 찍은 사진들, 앙겔라 메르켈에 대한 살해 촉구 글들이 실렸다. 브라이트바르트, 폭스 뉴스와 더불어 러시아 투데이, 스푸트니크 같은 또 다른 뉴스 매체 역시 의도한 대로 가짜 뉴스를 퍼뜨리고 서구 민주주의에 혼란을 부추겼다.

불안을 낳는 게임은 원칙적으로 매우 단순하다. 충분히 위협적이고, 가능하면 많은 사람들이 관련된 화제 또는 사건을 택하면 된다. 하지만 모든 가짜 뉴스에 정치적인 동기가 있는 것은 아니다. 우리가 가짜 뉴스를 퍼뜨리고, 가짜 뉴스에 빠지는 이유는 단지 단순함, 무지함, 순진함 때문일 경우가 종종 있다. 미국 철학자 해리 프랭크퍼트는 저서 《개소리에 대하여》에서 거짓말과 개소리를 구분했다. 거짓말을 하기 위해서는 진실을 알아야 한다. 다시 말해, 거짓말은 언제나 의도적이고, 진실과의 연관성 없이는 불가능하다. 반면에 개소리에는 진실과의 연관성이 결여되어 있다고 주장했다. 개소리 이론에서 프랭크퍼트는 거짓말쟁이와 개소리쟁이(bullshitter)를 구분한다. 개소리쟁이는 진실로는 더 이상 아무것도 시작할 수 없다는 것을 알고 있고, 진실 자체에도 무관심하다. 개소리는 진실도 아니고 거짓말도 아니며, 양자 사이 어디에도 있지 않다(어쩌면 기껏해야 절반 정도만 진실일 수도 있다). 어떤 것이 진실인지 아닌지에 대해 완전히 무관심한 사람이면 그가 개소리쟁이임을 누구나 알 수 있다. 해리 프랭크퍼트에게 도널드 트럼프는 명실상부 개소리쟁이의 원형이다. 여기서 트럼프가 왜 이런 일을 하는지에 대해 곰곰이 생각해 볼 수 있다. 그는 개소리로 사람들을 선동하고, 혼란을 야기하고, 환담하고, 사람들 앞에 나서려고 하는 것일까? 아니면 단지 돈을 벌려고 그러는 것일까? 이익도 챙기고, 자신의 권력도 증명하고 싶어 그러는 것일까? 아니면 모든 것을 갖고 싶어 그러는 것일까?

사고의 도약

세상은 더 나빠질까?

세상에 기아, 범죄, 폭력이 백 년 전보다 덜 발생하는데도 많은 사람들은 세상이 더 나빠질 거라고 믿는다. 엄연히 굶주림은 줄어들고 있고, 문맹률은 떨어지고 있으며, 유아 사망률, 폭력도 줄어들고 있다. 그런데도 많은 사람들은 기근과 폭력이 과거보다 더 증가했다고 생각한다. 이런 현상은 미디어 때문일까? 우리 뇌가 부정적인 뉴스를 더 잘 기억하기 때문일까? 이것만은 아니다. 연구자들이 말하기를, 인간은 드물게 발생하는 일을 더 강하게 인지하는 경향이 있다고 한다. 다시 말하면, 기근과 폭력이 적은 국가에서는 기근과 폭력은 큰 사건이다. 세상은 더 나아지고 있지만 사람들은 그 반대로 믿고 있다. 왜 그럴까?

05. 선거 조작이 가능한가?

우리는 어처구니없는 두 가지 국제 사건을 목격했다. 브렉시트 찬반 투표와 미국 대선 조작이 그것이다. 이 두 가지 사건은 모두 종결된 후에야 미디어에 공개되었다.

케임브리지 애널리티카라는 영국 기업은 불법으로 수집한 수백만 명의 페이스북 이용자 정보를 이용하여 각 개인에 맞춘 사전 선거 운동을 펼쳤다. 이 사건은 트럼프 선거 캠페인과 브렉시트 찬반 투표 캠페인에 대한 비판적 인식을 갖게 해주었다.

2018년 미국인 브리태니 카이저는 내부 고발을 하기로 결심했다. 그녀는 3년간 케임브리지 애널리티카에서 디렉터로 근무하면서 페이스북을 통해 수많은 유권자들에게 선거와 투표에 영향을 끼치는 캠페인을 벌였다. 그녀는 대규모로 벌어진 의도적인 조작이 없었다면 트럼프는 당선되지 않았을 거라고 확신했다. 개인 맞춤 사전 선거 운동이 얼마나 영향을 끼쳤을지, 수치로 증명할 수 없다고 해도 그렇다. 그녀는 투표와 선거에 영향력을 미치는 일련의 조작적 행태가 유럽과 세계의 문제라고 인식했다. 이후 페이스북의 정보보호법 위반 여부와 더불어 선거 조작과 가짜 뉴스에 대한 뜨거운 논쟁이 벌어졌다. 이 문제는 널리 공유될 수 있었지만 법적, 현실적으로 해결되지는 못했다.

도널드 트럼프는 미국 대선 기간 동안 인터넷과 미디어에 뿌린 수많은 가짜 뉴스에 힘입어 승리할 수 있었다. 트럼프 추종자들은 소위 피자게이트 음모론을 사방에 뿌려댔다. 이들은 트럼프의 경쟁자였던 힐러리 클린턴 측의 민주당 소속 참모들이 소아성애 범죄에 가담했다며 줄기차게 주장했다. 민주당 참모들이 워싱턴 피자 가게의 지하 창고에 비밀리에 모여 불법적인 일을 일삼았다고 했다. 당연히 이 이야기는 가짜 뉴스였지만, 미국 사이트(예로 Infowars)와 러시아 웹 사이트로 퍼져 나갔다. 특히 대중들에게는 초미의 관심사였다. 어느 날 무장한 미국 시민이 민주당의 불법 모임 흔적을 조사하기 위해 피자 가게 지하실에 불쑥 나타나는 해프닝도 벌어졌다.

2016년 미국 대선 기간에 가짜 뉴스 대부분이 동유럽에서 흘러나왔다는 사실은 많은 사람들이 알고 있다. 일부는 뉴스를 날조하고 퍼뜨리는 미디어 전략을 수익성 좋은 사업 모델로 삼아 친트럼프 성향의 웹 사이트를 개설하여 큰돈을 벌었다. 트럼프는 대선 기간에 많은 양의 가짜 뉴스를 트위터에 올렸다. 그가 올린 가짜 뉴스에는 미국에서 살인 범죄율이 높아지고, 중국이 기후 변화를 날조하고 있다는 내용도 포함되어 있다. 또한 그는 경쟁자인 힐러리 클린턴이 대통령 직무를 수행할 수 없을 정도로 건강에 이상이 있다는 거짓 주장을 펼쳤다. 이뿐만 아니라 일어난 적도 없는 멕시코 남자의 강간 사건에 대해서도 글을 썼고, 전 미국 대통령 버락 오바마는 미국 시민권자가 아니라는 거짓말도 서슴없이 했다. 만약 그의 주장이 사실이라면 오바마는 대통령으로 선출될 수 없었다. 미국에서 출생한 사람만이 법적으로 미국 대통령이 될 수 있기 때문이다!

브렉시트 찬반 투표 캠페인에도 가짜 뉴스가 확산되었다. 영국 정치가이자 브렉시트를 주도한 나이절 패라지는 표결 바로 직전에 플래카드를 내걸었다. 거기에는 무리를 이룬 아랍 남성들이 묘사되어 있었고 '우리는 유럽연합에서 탈퇴하여 국경에 대한 통제권을 다시 찾아와야 한다'라는 슬로건이 적혀 있었다. 이 슬로건은 아랍 이민자 무리가 영국으로 이주하고 있다는 암시를 깔고 있었다. 하지만 실제로 이 플래카드의 내용은 크로아티아에서 출발하여 슬로베니아 공화국으로 이동한 난민의 이야기를 가지고 온 것이었다.

또 하나의 거짓말이 담긴 플래카드가 버스 옆면에 걸렸다. 이 플래카드는 브렉시트 찬반 투표 전에 사람들의 이목을 끌었다. 플래카드에는 유럽연합을 탈퇴할 경우 매주 3억 5천만 파운드(약 5,200억 원)가 영국의 공공 의료 시스템에 쓰일 수 있다고 적혀 있었다. 영국 정부는 이 금액을 매주 유럽연합 본부가 있는 브뤼셀로 송금한다고 주장했다. 나중에 나이절 패러지는 이 정보가 잘못됐다고 인정했다. 그런데 확고한 브렉시트 지지자이자 표결 당시 런던 시장을 역임하고, 2019년 영국 총리가 된 보리스 존슨은 계산이 잘못된 금액을 수차례 인용했다. 영국 언론이 허위 정보라고 지적할 것임을 뻔히 알면서도 말이다. 하지만 이것으로 끝나지 않았다. 2018년 존슨은 영국이 유럽연합에 지불하는 돈이 3억 5천만 파운드보다 더 많다고 또 주장했다. 2016년 브렉시트 탈퇴 찬성 비율이 가까스로 과반수를 넘겼음에도 불구하고, 수많은 영국 국민, 특히 젊은 이들이 브렉시트 탈퇴를 반대하는 시위를 벌였음에도 불구하고, 마침내 영국은 2020년 1월 31일 유럽연합에서 탈퇴했다.

추후에 브렉시트 탈퇴 캠페인이 가짜 뉴스에도 '불구하고' 성공을 거둔 게 아니라, 가짜 뉴스 '덕분에' 가능했을 거라고 사람들은 생각할 것이다. 또한 유럽연합 잔류 캠페인이 사람들을 설득할 만큼 강력하지 못했던 것은 아닌지 자문해 볼 필요도 있다. 'remain'보다는 'stay'라는 표현이 언어적으로 더 나은 선택이었을지도 모른다.* 브렉시트 찬성 측의 구호 'Leave!'처럼 stay가 remain보다 더 짧고 더 호소력이 있고, 단음절이고, 정확하기 때문이다. 아마도 젊은 세대의 목소리가 더 컸더라면, 브렉시트는 없었을 수도 있었다. 왜냐하면 평균적으로 많은 브렉시트 찬성자의 나이가 30세 이상의 남성이었고, 그 가운데 대부분이 시골 지역 출신이었기 때문이다. 만약 30세 이하의 유권자만 브렉시트 찬반 투표에 임했다면, 유럽연합 회원국 유지를 선택한 사람이 압도적으로 많았을 것이다. 또한 16세 이상의 젊은 사람들이 표결에 참여할 수 있었다면, 브렉시트는 불가능했을 것이다. 왜냐하면 이런 종류의 표결에서는 다음과 같은 질문을 던질 수 있기 때문이다. 영국의 미래를 결정할 사람은 과연 누구인가? 브렉시트의 경우처럼 나이 든 세대가 미래의 조건을 결정해도 되는 것인가? 젊은 사람들이 그 조건 아래에서 살아야 하는데? 미래에 관한 문제에서는 젊은이들의 의견을 더 많이 반영하고, 투표 연령을 16세로 낮추는 것이 더 공정하지 않은가?

---

*remain과 stay는 '머문다'라는 뜻으로 비슷하지만 미묘한 차이가 있다. remain은 능동태를 나타내는 동사지만 수동태적인 뉘앙스로 '(여전히) 남겨지다'라는 의미로 쓰이고, stay는 능동적인 뉘앙스로 '(현 상태를 유지하며) 머문다'라는 의미로 쓰인다.

우리에겐 더 많은 거짓말 탐지기가 필요할까?

전 세계의 수많은 사람들, 저널리스트, 정치인 그리고 유권자는 가짜 뉴스의 정치적 결과에 대해, 그리고 가짜 뉴스의 확산이 얼마나 쉬운 일인지에 대해 경악하고 있다. 언제나 그렇듯 이에 대한 설명은 너무나 부족하다. 저널리스트 율리안느 폰 레페르트−비스마르크는 글쓰기를 그만두고 시민단체 라이 디텍터스(Lie Detectors)를 설립했다. 설립 동기는 13세의 미국 아이와의 만남에서 시작되었다고 한다. 이 아이는 2016년 그녀에게 말하기를, 만약 투표권이 있었다면 자신과 학교 친구들은 도널드 트럼프에게 표를 던졌을 거라고 말했다. 왜냐하면 이 학생들이 인스타그램에서 대통령 후보 힐러리 클린턴이 사람들의 죽음에 책임을 져야 한다는 글을 읽었기 때문이라고 했다. 하지만 학생들이 읽은 글은 트럼프 추종자들이 소셜 미디어에 뿌리고 공유한 가짜 뉴스였다. 왓츠앱(WhatsApp)과 다른 채널을 통해 정치적인 가짜 뉴스가 줄기차게 유포되고 있다. 의도한 대로 젊은 사람들에게 정치적인 영향력을 행사하기 위해서 말이다. 소수의 부모와 교사만이 가짜 뉴스에 대한 정보를 알고 있을 뿐이다. 이뿐만 아니다. 소위 팩트 체크를 한다고 하는 웹 사이트들도 항상 정확한 것이 아니며, 사람들에게 잘 알려져 있지도 않다. 가짜 뉴스와의 싸움도 쉽지 않다. 가짜 뉴스는 돈이 되기 때문이다. 그렇기 때문에 라이 디텍터스는 저널리스트를 학교에 파견해 학생과 교사를 위한 90분간의 워크숍을 제공하고 있다.(www.lie-detectors.org)

말이 우리 생각을 조종하는 것이 가능한가?

'난민의 물결', '배가 만석이다', '대안적 사실'. 우리의 인식은 특별히 선택된 낱말에서 영향을 받는다. 난민의 물결은 마치 통제될 수 없는 자연 재해의 위협 같은 인상을 준다. '배가 만석이다'라는 표현은 정원을 한참 초과한 유럽이라는 배가 침몰할 수도 있다는 의미를 품고 있다. 2017년 올해 최악의 단어로 선정된 '대안적 사실'에는 신뢰할 만한 명확한 사실이란 존재하지 않는다는 것을 믿게 하려는 속셈이 들어 있다. 특히 극우 정당들은 자신이 원하는 사회가 어떤 모습이어야 하는지, 누가 그 사회에 속하고 누가 속하지 않는지에 대해 매우 명확한 견해를 갖고 있다.

다음과 같은 질문에 대한 당신의 생각은?
이런 말들이 정말 위험할까? 아니면 여기서는 언어의 영향이 과대평가된 것일까? 그리고 모든 것이 상대적이라는 말이 맞는 걸까? 사실에는 대안이란 게 정말 없는 걸까? 예를 들어, CO_2(이산화탄소)와 O_2(산소)의 화학식에서 대안적 사실이란 게 존재할까? 아니면 대안적 사실을 이야기할 수 있는 다른 예가 있을까?

정치인의 모든 발언이 중요한 걸까?

페이스북에는 원칙이 있다. 정치인의 모든 말은 뉴스에 오를 만하다. 정치인의 모든 말은 중요하고, 그래서 페이스북에 그대로 노출되고 있다.

정치인의 발언 모두 동등한 가치가 있을까? 그들의 모든 발언이 정말로 보도할 만한 가치가 있을까? 정치인은 모든 것을 말해도 될까? 그리고 정치인의 발언은 언제나, 예외 없이 중요할까? 정치인은 공개 토론 문화에 대한 책임을 어디까지 져야 할까? 만약 정치인의 발언이 도를 벗어날 경우, 제한하고 검열해야 할까? 소셜 미디어에서 정치인에 대한 기준과 원칙이 시민과는 다르게 적용되는 이유는 무엇일까?

정치인과 포퓰리스트의 손에 너무 많은 권력을 쥐어준 것은 아닐까?

6

감시하기
저항하기
참여하기

감시하기
01. 감시 국가에서 살고 싶은가?

집을 비운 사이에 낯선 사람이 당신 집을 침입할 경우, 별일 아니라고 그대로 넘길 수 있을까? 이는 꽤 겁나는 상상이다. 그래서 구글, 아마존 같은 IT 기업이 다양한 감시 카메라와 인터폰을 출시하고 있다. 이런 스마트 감시 제품은 집을 보다 안전하게 보호하도록 설계되었다. 하루 24시간 현관문 앞과 집 안에서 일어나는 일을 모니터링할 수 있다. 전문가들은 이런 추세에 맞춰 신조어를 만들어냈다. 유행성 감시병. 사방을 감시하기 위해 가능한 모든 곳에 감시 장치와 카메라가 설치되고 있다.

당연히 여기에는 문제점이 있다. 본인이 자기 집을 감시하지만 IT 회사도 고객의 카메라에 접근할 수 있다는 점이다. 안전한 집을 원한 것뿐이지만, 동시에 뜻하지 않은 부작용도 낳고 말았다. 인간은 원래 호기심이 많기 때문에 낯선 사람이 개인 감시 카메라에 녹화된 영상을 훔쳐볼 가능성을 완전히 배제할 수 없다. 그래서 원치 않은 일이 발생한다. 말하자면 또 다른 낯선 사람이 집 안으로 침입할 수 있는 것이다. 아무리 디지털 기술로 감시한다고 해도 말이다.

몇 년 전부터 페이스북과 다른 여러 앱이 스마트폰에 장착된 마이크로 사적 대화를 엿듣고 있고, 개인별 맞춤 광고를 위해 수집된 데이터를 이용하고 있다는 풍문이 나돌고 있다. 페이스북은 이 풍문이 사실무근이라고 주장했고, 지금까지 실제로 밝혀진 증거는 없다. 많은 이용자들이 소셜 미디어에서 어떤 주제나 브랜드에 대해 잠깐 담소를 나누었을 뿐인데, 이런 경로를 읽고 생성된 광고가 너무 지나치다고 말한다. 대화를 엿듣는 일은 적어도 기술적으로는 충분히 가능하다.

비록 사용자가 스마트폰을 적게 사용하더라도, 켜져 있는 휴대전화의 마이크는 앱을 통해 주변의 소리를 도청할 수 있다. 대부분의 사용자가 스마트폰을 항상 휴대하기 때문에 어떤 음악을 듣고 어떤 방송 프로그램을 시청하는지, 어떤 대화를 나누는지 누군가는 알 수 있고, 이를 광고에 활용할 수도 있다. 구글의 검색 기능뿐만 아니라 아마존의 상품 구입과 음악 스트리밍 서비스에도 이와 비슷한 원리가 적용되고 있다는 것은 공공연한 비밀이다. 개인 맞춤형 광고를 위해 셀 수 없을 정도로 많은 알고리즘이 존재한다. 이 알고리즘은 우리의 물품 구입과 검색어를 관찰하고 이를 바탕으로 우리에게 새로운 제품을 추천한다. 말하자면 아마존의 유명한 상품 추천 '이 상품을 구매한 고객은 다음 상품도 구매했습니다'는 수많은 사례 중 하나에 불과하다. 하지만 고객 정보를 이용해 고객의 성격, 가치관, 태도 등 심리적 프로파일을 생성하고, 이를 바탕으로 정치 광고를 하는 것은 완전히 다른 문제다.(5장 '조작' 참고)

국가가 도입하는 안면 인식 기술(Facial Recognition Technology, FRT)은 정치적 파괴력이 결코 작지 않다. 이 기술은 중국의 몇몇 도시와 모스크바에서는 이미 표준으로 사용되고 있고, 머지않아 런던과 베를린 같은 유럽 도시에서도 테스트를 거쳐 설치될 것이다. 이 기술은 카메라와 안면 인식 소프트웨어를 연결시켜 시민 개개인의 신원을 확인할 수 있다. 중국에서 휴대전화를 개통하고 싶은 사람은 본인 얼굴을 스캔한 데이터가 활용되는 것을 승인해야 한다. 그다음부터 현금이나 카드 대신 본인 얼굴로 요금을 지불할 수 있고, 공항에서 탑승 절차도 밟을 수 있다. 당연히 안면 인식은 국민 감시와 범죄 예방에도 투입된다. 유럽의 대부분 국가에서는 안면 인식 기술의 적용이 여전히 논란의 중심에 서 있다. 안면 인식 기술 비판자들은 이 기술의 공공연한 사용이 인권을 해칠 우려가 있다고 말한다. 공공장소에서 사람들을 디지털 기술로 염탐하는 자는 사적 영역을 침범할 수 있을 뿐만 아니라, 다른 사람의 집회의 자유와 행동의 자유 같은 인권을 침해할 수 있다. 더군다나 안면 인식은 오류 비율이 매우 높을 뿐만 아니라 효율성도 떨어진다. 소수의 혐의자, 경찰이 쫓고 있는 용의자와 범죄자를 찾아내기 위해 수많은 사람들을 감시해야 하기 때문이다.

디지털 기술이 선거 조작, 시민 염탐, 데이터 불법 수집 등의 정치적 목적에 악용될 수도 있다는 우려가 널리 퍼져 있다. 미국 정보기관 국가안전보장국(NSA)의 전 요원이자 내부 고발자인 에드워드 스노든은 2013년 NSA의 방대한 비밀문서를 공개하여 엄청난 스캔들을 일으켰다. 스노든이 가로챈 문서는 가장 먼저 영국의 〈더 가디언〉과 미국의 〈워싱턴 포스트〉가 폭로했고, 그다음으로 독일 잡지 〈슈피겔〉이 뒤따랐다. 이 언론사들은 첩보 활동 시스템이 전 세계적으로 연결되어 있다는 사실을 밝혀냈고, NSA와 또 다른 정보기관이 전 세계의 커뮤니케이션을 대대적으로 감시한다는 사실도 폭로했다.

이런 감시를 관할한 기관이 바로 NSA와 영국 정부통신본부(Government Communications Headquarters, GCHQ)다. 이 두 기관은 다른 국가 정보기관과 협력하여 모든 형태의 전자 정보에 대해 감시했다. 두 정보기관과 밀접한 관계가 있는 국가는 캐나다, 호주, 뉴질랜드다. 이 다섯 나라를 파이브 아이즈(Five Eyes)라 한다. 독일, 프랑스, 스웨덴, 벨기에, 일본, 한국도 미국과 영국의 정보기관에 협력했다. 또한 독일 연방 수상 메르켈을 포함한 122명의 각국 정상들의 전화 통화가 도청, 염탐, 해킹되었다. 아마도 어마어마한 양의 정보(전화 통화, 채팅, 메일)가 도청되고, 저장되고, 통제되었을 것이다. 에드워드 스노든은 미국 정부로부터 첩보 활동 혐의로 고발당해 러시아로 피신했다.

새로운 감시 기술에 대한 저항은 어느 때, 어느 곳에나 있다. 모스크바에서는 감시를 피하기 위해 특이한 방법이 동원됐는데, 다름 아닌 메이크업이다. 당연히 메이크업도 시민 불복종을 표현하는 하나의 행위일 수 있다. 2020년 초 안면 인식 카메라 전면 도입에 반대하는 수많은 시민들이 짙은 화장을 하고 모스크바를 행진했다. 화려한 메이크업은 간단하면서도 효과가 컸다. 메이크업은 감시 카메라의 센서 인식을 방해하고 개인의 신원 확인을 어렵게 만들었다. 당시 모스크바에는 이미 17만 개의 카메라가 설치되었다. 물론 이것으로 끝난 게 아니다. 모스크바 지하철에도 안면 인식 기술을 도입하여 앞으로 모스크바를 세계 최고의 감시 도시로 만들 거라고 한다.

비판가와 전문가는 감시 카메라를 통한 전체주의적 통제 시스템이 모스크바뿐만 아니라 전 세계에 구축될 수 있다고 우려한다. 현실적으로 안면 인식 기술을 어느 정도까지 허용해야 하는지를 가늠하기란 매우 어렵다. 이런 정보가 정치에 어떻게, 어떤 목적으로 사용될지 알수 없기 때문이다. 전 세계에 전면적인 감시에 저항하는 사람들이 존재한다. 하지만 국가별로, 지역에 따라 그 저항 강도는 천차만별일 것이다. 2020년 2월에 발표된 미리엄 메켈 교수의 연구에 따르면, 안면 인식 기술은 중국에서 선호도가 가장 높다고 한다. 정확히 말하면 인구의 67퍼센트가 이 새로운 기술을 반긴다고 한다. 영국에서는 50퍼센트가, 미국에서는 48퍼센트가 이 기술의 도입을 환영한다. 이에 비해 독일에서는 38퍼센트만이 전면적인 감시를 긍정적으로 받아들인다.

이런 기술이 정치적으로 남용될 수 있다는 두려움은 널리 퍼져 있다. 이미 영국 작가 조지 오웰은 공상 과학 소설 《1984》에서 전체주의 감시 국가의 문제를 다뤘다. 오세아니아라 불리는 국가에서 모든 국민은 소위 텔레스크린

조지 오웰과 넷플릭스가 그리는 미래 세상이 현실에서 구현될 가능성은 얼마나 될까?

(telescreen)의 감시를 받으며 통제된다. 24시간 내내 온갖 형태의 선전물과 정신 세뇌가 동원된다. 그 가운데 2분 증오 방송, 플래카드, 텔레스크린을 통해 정기적으로 보도되는 뉴스, 문서, 팸플릿이 있다(전 동독에서 이 소설은 전면 금지되었고, 소설을 읽은 사람은 징역형에 처해졌다). 이런 수단을 통해 오세아니아 국민들은 완전히 조종당한다. 《1984》는 1949년에 출판되었다. 오늘날의 기술적 조건과 가능성은 디지털화를 통해 완전한 감시가 가능할 정도로 발전했다. 넷플릭스 시리즈 〈블랙 미러〉 시즌 1 '당신의 모든 순간'에는 전체주의 감시 국가가 등장한다. 국가는 국민 개개인에게 기억

칩을 이식하여 사회를 통제하고 있다. 이 기억 칩에는 모든 기억들이 저장된다. 원한다면 기억 칩에서 언제든지 기억을 불러올 수 있다. 이런 감시 사회에서는 더 이상 사생활이 보장되지 않는다. 《1984》와 마찬가지로 국민의 감정과 생각은 완전히 공개된다.

사고 실험

당신은 내부 고발자가 될 수 있을까?

미국 정부가 비밀 등급으로 분류한 동영상 〈부수적 살인(Collateral Murder)〉에는 이라크에서 미군의 무장 헬기가 이라크 민간인과 기자 18명을 살해하는 장면이 담겨 있다. 사망자 가운데는 두 명의 로이터 기자와 구조대원이 포함되어 있다. 2010년 내부 고발자이자 위키리크스 설립자인 줄리안 어산지는 이 영상과 함께 약 25만 건에 달하는 미국 정부의 기밀문서를 공개했다. 이 문서에는 미군의 전쟁 수행에 관한 정보들도 들어 있었다. 어린이, 기자, 시민을 살해한 사실뿐만 아니라 이라크와 아프가니스탄 전쟁에서 벌어진 다른 전쟁 범죄도 폭로되었다. 쿠바 관타나모에 위치한 미군 비밀 수용소도 여기서 밝혀졌다. 위키리크스 플랫폼은 하룻밤 사이에 갑자기 전 세계적으로 유명해졌다. 당시 설립자들은 자신들을 가리켜 '국민을 위한 최초의 정보기관'이라 칭했다. 어산지는 폭로 혐의로 최대 175년을 선고받을 수 있는데, 이는 사형인 셈이다.

• 이런 방식의 폭로가 공공의 이익에 부합할까?
• 줄리안 어산지는 스파이일까? 아니면 저널리스트일까?
• 어산지는 언론의 자유라는 이름으로 보호를 받아야 할까? 아니면 처벌을 받아야 할까?
• 언론의 자유와 진실은 사회 평화와 국가 외교보다 더 중요할까?
• 비밀 정보는 누구의 것인가? 시민의 것인가? 아니면 국가의 것인가?
• 기밀 유지 준수와 진실을 알 권리 중에 무엇이 더 중요할까?
• 기자와 활동가는 정보기관을 감시해야 할까?
• 폭로는 공익에 기여할까? 아니면 해를 끼칠까?
• 정부 기관의 비밀 정보를 빼내도 괜찮을까?

• 만약 정보가 공익에 부합할 경우 이를 공개해야 할까? 아니면 그래도 불법일까?

사고 실험

감시와 자유는 배타적인가?

철저히 감시받고 있는 공간에서 자유롭고 민주적인 의견 교환이 가능할까?

계속 감시받는다면 사람의 행동이 바뀔까?

범죄자와 테러리스트의 신원과 범행 확인을 위해 공공장소에서 개인의 자유를 제한해도 될까?

감시받지 않고 자유롭게 움직일 수 있는 권리가 중요할까? 아니면 누구나 당할 수 있는 범죄로부터의 안전과 보호가 중요할까?

비밀을 지킬 권리가 있는가?

우리는 자신에 대한 모든 것을 가장 가까운 사람과 공유해야 할까?

우리는 정말 모든 것을 알고 싶나?

인터넷과 인생에서 잊힐 권리도 있어야 하지 않을까?

개인의 비밀뿐만 아니라 국가의 비밀도 보호해야 하지 않을까?

비밀이 없는 세계의 모습은 어떨까?

저항하기
01. 무엇을 위해 저항할 것인가?

민주주의 사회에서는 몇 년에 한 번씩 투표장에 가서 현 정권을 심판한다. 그 사이에 또 무슨 일을 할 수 있을까? 특히 투표권이 없어서 무너질 것 같은 실내 체육관과 곰팡이 냄새 풀풀 나는 학교 화장실을 견디고 있는 아이들과 청소년은 지금 무엇을 해야 할까? 아이들과 청소년을 포함한 소수자의 의견이 자주 무시되고 있는 상황에서 무엇을 할 수 있을까? 미국 청소년 대부분이 힐러리 클린턴을 대통령감으로 여겼고, 영국의 젊은 유권자는 브렉시트를 반대하는 목소리를 냈다. 이런 이유로, 좌절을 겪은 일부 젊은이들은 여러 대중 정당을 그저 몸집만 거대한 한심한 정치 단체로 보는 것이다.

청(소)년의 목소리가 권력에서 소외되고 있기 때문에, 그들은 선거와는 별개로 시위를 통해 자신들의 목소리를 낼 수 있다. 정치계에서 자신의 목소리를 낼 수 없는 사람은 다른 방식으로 자신들을 조직해야 한다. 더 나아가 플래카드를 흔들고, 자신의 좌절에 대해 큰소리로 규탄하고, 자신과 생각이 같은 사람들을 만나는 것만으로도 해방감을 느낄 수 있다. 청소년들이 펼치는 평화적이고 합법적인 활동으로 '미래를 위한 금요일' 운동이 있다. 이 운동은 2018년 스웨덴 환경운동가 그레타 툰베리가 시작했다. 이후 수백만 명의 학생들이 전 세계에서 환경 보호를 위해 거리로 나섰다. 이 외에도 '우리 생명을 위한 행진'이라는 슬로건 아래 미국 청소년들이 총기 폭력에 반대하는 시위를 벌였다. 또한 '인터넷을 구하라'라는 구호 아래 '유럽연합의 지적재산권 개혁을 위한 법안'에 맞선 여러 시위가 있었다. 이들 시위대에서 청소년이 대다수를 차지한다.

이런 운동이 성공하기 위해서는 수많은 토론과 비판을 거쳐야한다. 당연한 수순이다. 미래를 위한 금요일 운동도 이런 과정을 거쳤다. 어른들은 종종 이러한 청소년의 지식을 폄하한다. 예를 들면, 독일의 자유민주당 대표 크리스티안 린드너는 공개적인 연설에서 글로벌 기후 변화를 이해하는 일은 전문가의 몫이라며 목소리를 높였다. 청소년은 이 문제에서 손을 떼라는 의미다. 이 때문에 린드너는 여러 차례 비판받았고, 이 때만큼은 수많은 시의원, 다른 정당의 정치인, 과학자, 환경 단체 대표 모두가 학생들을 지지했다. 정계에서는 이런 싸움과 반응이 다반사다. 반동 없이는 정치 운동이란 없고, 반론 없이는 의견도 없으며, 시위가 있는 곳에는 반드시 반대 시위가 있다(예로 극우파의 집회가 그렇다). 민주주의 사회에서 논쟁과 공개 토론도 마찬가지다. 따라서 자신의 목소리를 내기 위해서는 운동, 저항 그리고 시위가 중요하다.

'미래를 위한 금요일' 같은 저항 운동의 영향력은 얼마나 클까? 이 모든 노력이 그만한 가치가 있을까? 실제로 미래를 위한 금요일 운동은 전 세계에서 일어나고 있고, 수많은 지원자가 참여하고 있다. 유엔 사무총장 안토니우 구테흐스는 청소년의 호소에 동참하자고 했으며, 앙겔라 메르켈 역시 기후 변화 주제에 대해 '더 결연한 행동'을 요구했다.

02. 누구나 저항할 수 있을까?

플래시 몹, 연좌시위, 각종 콘서트, 전단지 배포, 온라인 청원, 불법 점거, 해시태그, 시위 구호 합창, 공개 집회 그리고 비판적 의견 교환과 자유 토론을 위한 사적 모임 등등. 저항하기 위한 수많은 방법이 존재한다! 저항 방법은 사전에 예고한 거리 시위부터 즉흥적인 시위까지 폭넓다. 이런 저항 시위가 좋은 점도 있다. 비록 선거권이 없더라도 누구나 저항할 수 있기 때문이다! 또한 이런 방식으로 소수자의 목소리도 낼 수 있다.

어떤 항의든, 어느 집회든 간에 한 명의 목소리는 귀담아 듣지 않는다. 백 명의 목소리도 그냥 흘려듣기 쉽다. 10만 명의 목소리가 모아져야 비로소 건성으로 듣지 않는다. 10만 명의 목소리는 힘을 갖고 있기 때문이다. 저항한다는 것은 우선 무엇인가를 공개적으로 보여준다는 의미다. 정치에서는 특정 조치에 반대한다는 것을 보여주기 위해 흔히 항의를 한다. 아마도 흔히 알고 있는 항의 형태가 시위일 것이다. 저항한다는 것은 단지 어떤 것에 무조건 반대한다는 의미가 아니다. 모든 '저항'은 항상 어떤 것을 '위한' 목적을 갖고 있어야 한다! 그래서 저항한다는 것은 '무엇'을 옹호하는 것으로, 여기서 '무엇'이란 원만한 공존·정의·기후 보호·환경 보호·언론의 자유 같은 특정한 가치다. 일례로 인종차별주의에 반대하는 의견을 공개적으로 표현한다는 것은 배타적 사고에 반대하고, 다른 사람을 존중하는 행동에는 찬성한다는 의사 표시다. 반대하는 대상이 무엇이든, 그것이 가난, 환경 오염, 우파 포퓰리즘, 높은 세금이든 간

에 저항할 수
있다. 이러한 저항 뒤에는 항상
더 공정하고, 더 자유롭고, 더 평화롭고, 어떻게
든 더 나은 세상에 대한 열망이 있다.

안타깝게도 모든 저항이 평화로운 것은
아니다. 일부 시위는 반인륜적인 세계관을 대변하며, 심지어 폭력을 행
사하기까지 한다. 예를 들어, 페기다 시위대는 이민자를 반대하기 위해
대놓고 나치의 경례를 노골적으로 선보였다. 이는 목적을 위해서라면 혐
오와 증오를 서슴없이 표출할 수 있다는 것을 보여준다. 이 시위의 배후
에는 이방인을 철저히 배제한 순수 독일 민족 이념에 대한 열망이 있다!

저항이 모든 국가에서 허락되는 것은 아니다. 2012년 러시아의
여성 펑크록 밴드 푸시 라이엇은 푸틴 정부와 러시아 정교회에 맞서 형형
색색의 복면을 쓰고 모스크바 시내에 위치한 대성당 안으로 뛰어들었다.
밴드의 무해한 '펑크식 기도'는 1분을 넘지 못했다. 결국 밴드 멤버 세 명
은 종교적 행패를 부렸다는 이유로 3년 징역형을 받았다. 이들의 퍼포먼
스를 늘 유치한 반항을 일삼고 무턱대고 폭력을 행사하는 '양아치'의 돌
발 행위로 본 것이다. 폴 매카트니와 마돈나, 비요크 등 세계적인 가수와
국제 엠네스티의 청원에도 세 명의 젊은이는 교도소에 수감되고 말았다.

이 세 명의 페미니스트 예술가들은 유럽인 권재판소에 진정서를 제출했다. 2018년 스트라스부르크의 유럽인권재판소는 예술가들의 손을 들어주었고, 뮤지션의 권리를 침해했다는 이유로 러시아 정부는 손해배상을 할 것을 명령받았다.

폭행과 폭력이 종종 발생할 수 있다고 해도, 항의와 시위는 본질적으로 민주주의의 필수 요소다. 예를 들어, 독일 통일은 대규모의 평화 시위 없이는 생각조차 할 수 없었다. 동독에서 매주 벌어진 월요 시위는 1989년 동독 붕괴에 크게 기여했다. 이 사건은 나중에 동유럽 전체에 퍼졌다. 프라하에서 리가(라트비아의 수도)까지 자유를 갈망하는 시민들이 거리로 나섰다.

조피 숄과 한스 숄의 이야기는 독재 국가 체제에서 자발적 저항이 가능하다는 것을 보여준다. 부모는 이들 남매에게 인문 교육을 시켰지만, 남매가 히틀러 청소년단의 열성 회원이 되는 것을 막지는 못했다. 다행히도 남매가 권위적인 나치 정권과 갈등을 빚으면서 남매의 열정은 금방 식었다. 숄 남매는 1942년 친구들과 함께 저항 단체 '백장미단'을 결성했다. 그리고 제2차 세계대전이 한창인 1942년 여름부터 그 유명한 전단지를 돌리기 시작했다. 그들은 여섯 종류의 전단지 수천 장을 배포하며 나치 독재자에게 맞서 싸우자고 촉구했고, 전쟁 종식을 요구했다. 이 일은 하룻밤 사이에 비밀리에 진행되었다. 첫 번째 전단지는 다음과 같은 문구로 시작되었다. "무책임하고 몽매한 충동에 사로잡힌 지배 집단에게 저항하지 않고 통치받는 일보다 문명화된 국민에게 부끄러운 일은 없다." 마지막 여섯 번째 전단지에서 그들은 마침내 국가사회주의자에 맞서 적극적으로 투쟁할 것을 촉구했다. 대담하게 전단지를 유포한 한스와 조피 숄은 1943년 2월 18일 체포되었다. 건물 관리인이 뮌헨 대학교 본관에서 그들을 발견했다. 그들은 처음에는 대학 총장에게 끌려갔고, 그다음에는 비밀경찰 게슈타포에게 넘겨졌다. 4일 후 1943년 2월 22일 그들은 나치 특별 재판소에서 사형 선고를 받고, 같은 날 단두대에서 처형되었다.

사고 실험

왜 거리로 나서는가?

- 신념에 따라
- 불안해서
- 불만족스러워서
- 무언가가 부당하기 때문에
- 분노가 차올라서
- 화가 나서
- 다른 사람이 하니까
- 더 이상 잃을 것도 없기에
- 책임감을 느껴서
- 사리사욕 때문에

사랑 때문에 저항할 수 있는가?

여러분은 무엇을 위해, 또는 무엇에 반대하여 저항하나?

여러분 생각에 무엇이 효과적일까?

여러분은 어떤 이슈 때문에 거리로 나서는가?

여러분의 인생을 위험하게 만들 만한 이슈가 있는가?

참여하기
01. 정치 참여를 해야 하는 이유

모든 사람이 저항하거나 시위를 할 수 있는 건 아니다. 누구나 푸시 라이엇 밴드처럼 성당에 진입하거나, 조피와 한스 숄처럼 저항하거나, 내부 고발자처럼 자신의 생명을 위험에 빠뜨리지는 않는다! 하지만 누구나 진정으로 할 수 있는 것이 있다. 그것은 참여다. 시위를 하는 것처럼 여러분이 지지하고 싶은 대의명분이나 사람이 있을 것이다. 물론 자신의 연금을 지키기 위해 캠페인을 벌일 수도 있지만, 여기서 말하는 참여는 전혀 다른 의미다. 개인의 정치 사회적 참여는 개인적인 것을 넘어 모든 사람에게 영향을 미치고 공공의 이익을 증진하는 것이어야 한다. 공익은 (개인의 이익이나 집단의 이익이 아닌) 사회 전체의 이익을 대변하는 것이다. 여기서 인간의 공생과 인류의 미래가 최우선 과제지만, 이것이 전부는 아니다. 세계와 자연환경뿐만 아니라 동물의 생명도 마찬가지로 중요한 과제다.

비록 선거권이 없다 해도 참여를 위한 선택권은 많다. 학교에서는 학생 대표나 반장으로 나설 수 있다. 이것만으로도 책임을 위임받고 아이디어와 제안으로 다른 사람들을 설득하는 방법을 익힐 수 있다. 정치에도 참여할 수 있다. 독일의 경우, 정당 산하에 청소년이 참여할 수 있는 기구가 많다. 예를 들어, 녹색청년, 청년 자유주의자, 청년 연합, 청년 사회주의자, 좌파 청년이라는 기구가 있다. 이 기구들의 홈페이지를 방문하면 활동 정보를 얻을 수 있다.

정당 활동에 참여하지 않고 청소년들이 정치적 목소리를 내거나 무언가를 하고 싶다면 독일 연방의회가 제공하는 포털사이트를 이용할 수 있다(www.mitmischen.de). 그 밖에도 독일연방정치교육원은 청소년을 위해 많은 정보와 이벤트를 제공하며, 청소년 정치 매거진 〈플루터(Fluter)〉도 출간하고 있다. 또한 독일 국영 방송국 ARD와 ZDF가 운영하는 청소년 플랫폼 '풍크(Funk)'와 독일 주간지 〈디 차이트(Die Zeit)〉가 운영하는 '차이트 온라인(Zeit Online)' 같은 인터넷 미디어는 30세 이하 젊은이들에게 정치 참여를 위한 다양한 제안과 형식, 이벤트를 제공한다.

플로리안 디드리히는 LeFloid, 미크로 들쉬만은 MrWissen2Go라는 유튜버로 활동하며 정치 사회 이슈를 담은 영상을 업로드하고 있다. 리포터이자 진행자인 에바 슐츠는 페이스북 'Deutschland3000'에 젊은 시청자들을 위한 뉴스와 정치 이슈를 소개하고 있는데, 청소년들에게 큰 인기를 끌고 있다. 2019년 한 연구에 따르면, 12세에서 19세에 이르는 독일 청소년 가운데 50퍼센트 이상이 수업 시간에 유튜브 영상이 더 많이 활용되기를 바란다. 이런 흐름들은 청소년들이 자발적인 정치 참여를 통

해 세계를 변화시키고 싶어 한다는 것을 보여준다. 이들 가운데 성공한 젊은이가 영국 배우 밀리 바비 브라운이다. 그녀는 2018년 14세의 나이로 유니세프 친선대사로 임명되었는데, 유엔 어린이 구호 단체에 참여한 최연소 대사였다.

모두가 정치적으로 참여해야만 무언가를 하고 사회에 영향을 끼칠 수 있는 것은 아니다. 헤이즐 브루거와 얀 필립 침니는 처음에 서정시와 시 쓰기를 하는 포에트리 슬래머(Poetry Slammer)*였다. 이들은 같은 활동을 하는 많은 사람들을 보면서 이들의 권리를 대변하기 시작했다. 더 나아가 기후와 환경 보호를 위해 환경 슬램에도 참여하고 있다. 물론 녹색당처럼 환경 운동을 본격적으로 펼치기 위해 정당을 결성할 수도 있을 것이다.

이 외에도 다른 방식은 얼마든지 있다. 미래를 위한 금요일 운동 역시 처음에는 몇몇 청소년들이 시작했다. 이들은 기후 변화가 야기하는 결과에 사람들이 관심을 가질 수 있는 방법을 고민하면서 나아갔다. 청소년들이 참여하지 않았다면 이 운동은 성공할 수 없었을 것이다. '독일의 그레타'라 불리는 루이자 노이바우어, 도시 활동가인 아니카 로트만, 거리로 나선 많은 학생들이 사회 참여 운동을 통해 자신의 목소리를 내고 있다. 모든 사회 운동에서 공통된 사실 하나가 있다. 대부분 혼자가 아닌 집단으로 참여한다는 것이다. 동식물 멸종, 고문과 폭력, 인종차별주의, 환경 오염, 성적 학대에 저항하기 위해 집단적으로 목소리를 낸다.

---

*자신이 저술한 자유시를 낭독하면서 퍼포먼스를 펼치는 것을 포에트리 슬램이라고 하며, 이를 수행하는 사람을 포에트리 슬래머라고 부른다.

이는 뜻을 같이하겠다는, 연대 책임을 지겠다는 자세를 보여주는 움직임이다.

저항 운동에서는 특정 주제에 대한 경각심을 일깨우는 일이 중요하다. 예를 들어, 해시태그 #metwo는 2018년부터 이주 배경을 가진 사람들에게 차별 경험을 이야기하도록 요청하고 있다. 또한 해시태그 #metoo 덕분에 일상에서 남녀차별주의에 대한 경각심을 불러 일으키고 있다. 히포쉬(HeForShe) 캠페인도 주목할 만하다. 2014년 여배우 엠마 왓슨은 뉴욕 유엔 연설에서 히포쉬를 소개했다. 그녀는 "남성과 여성 모두 섬세하다고 느낄 자유가 있어야 합니다. 남성과 여성 모두 강하다고 느낄 자유도 있어야 합니다"라고 말했다. 남녀차별에 반대하고 남녀평등에 찬성한다는 분명한 의사 표현이었다. 이 양성 평등 운동에 더 많은 사람들의 관심을 끌기 위해 그녀는 유엔의 여성 인권 특별대사로 활동하고 있다. 그녀는 이 캠페인의 상징이 되었다.

더 많은 동등한 권리를 원하는 사람은 독일 연방의회가 정확하게 의석을 배분할 것을 요구할 수 있다. 21세에서 29세까지의 젊은이들, 60세 이상의 장년들, 이주 배경을 가진 사람들은 전체 인구에서 큰 비중을 차지하는데도 연방의회에서 수적으로 열세다. 지방 거주민들, 중등교육만 받은 사람들, 장애자들도 마찬가지다.

소셜 미디어 덕분에 거주 환경에 대한 논의가 다양해지고, 이에 대한 네트워크 역시 더욱더 긴밀해지고 있다. 여성들도 언제든지 온라인상에서 활동할 수 있고, 소셜 미디어를 통해 뜻을 같이하는 사람들을 이전보다 수월하게 모을 수 있게 되었다. 물론 민주주의와 민주주의 가치에 반대하는 사람들도 디지털 커뮤니케이션 수단을 마음껏 사용할 수 있다. 그들도 마찬가지로 이전보다 더 쉽게 네트워크로 연결하여 자신들의 생각과 주장을 세상 사람들에게 공개할 수 있다. 인종 차별적이고, 인간을 혐오하고, 극단적인 생각을 간단하게 확산시킬 수 있게 된 셈이다.

어떤 일에 찬성하는 것만으로 충분하지 않을 때가 있다. 어떤 일에 참여하고 싶은 사람은 자신의 이상을 행동으로 옮기는 데 방해가 되는 것이 무엇이고, 자신의 가치에 반대하는 사람이 누구인지를 어느 정도는 파악하고 있어야 한다. 이는 구체적으로 자신의 가치에 따라 행동하고 자신의 가치를 적극적으로 옹호하는 자세이기도 하다. 민주주의 사회에서는 이를 '시민의 용기' 또는 '입장 표명'이라고 한다. 자신의 의견을 큰소리로 말할 수 있는 용기와 위급한 상황에서 다른 사람을 위해 적극적으로 나설 수 있는 의지를 말하는 것이다.

02. 우리가 꿈꾸는 미래는?

　　다소 과격하게 들리겠지만 민족주의, 인종차별주의, 전쟁에 맞서기 위해서는 균형추로서 유럽이 필요하다. 유럽이 자유, 인권, 평화, 민주주의를 대변하고 있는 데에는 이유가 있다. 유럽의 민주주의는 2,500년 이상의 역사를 갖고 있다. 그 세월은 권력 투쟁, 전통, 개혁, 과오와 업적, 성공 등으로 점철되어 있다. 다양한 나라가 유럽 땅을 지배했다. 고대 그리스에 이어 로마 제국을 세운 선조 이탈리아인이 지배했고, 그다음에는 스페인, 프랑스, 오스트리아가, 그리고 영국과 독일이 차례로 유럽을 지배했다. 그리고 9세기에서 11세기까지 아랍 문화는 유럽 국가들에게 엄청난 영향을 끼쳤다!

　　유럽 역사를 돌아보면 다양한 문화와 언어가 서로 영향을 주

고발았다. 유럽은 행복, 자유, 해방을 위해 분투해 왔다. 그 때문에 다양성, 관용, 인권, 언론의 자유, 동등한 권리, 자연과 환경 보호에 대한 보편적 사고와 의식을 가장 중요한 기본 가치로 여긴다. 종교, 무신론, 다양한 문화와 정체성에 대한 관용은 오랜 전통으로 자리 잡았다. 왜냐하면 유럽은 경제와 정치보다 그 이상의 가치를 갖고 있기 때문이다. 유럽에는 공통의 기본 가치가 깃들어 있는 이념과 문화가 있다.

지난 역사가 명확히 보여준다. 유럽의 개별 국가가 민족주의와 이기적인 이익을 추구할수록 더 많은 경쟁과 피비린내 나는 전쟁이 뒤따랐다는 사실을. 이런 배경에서 보면 유럽연합은 동반자 관계를 맺고 평화를 보장하기 위한 합리적인 조치이자, 그 어떤 국가도 스스로 존재할 수 없다는 의지를 천명한 것이다. 특히 세계화 시대에는 더욱 그렇다. 모든 국가는 협력과 국제적 공조에 의존하지 않을 수 없다. 따라서 유럽 국가 공동체의 힘은 공통의 역사뿐만 아니라 문화적 다양성과 많은 지역 연대에 있다. 또한 유럽은 자유로운 삶, 여행, 사랑뿐만 아니라 사상과 표현의 자유를 보장한다! 이 모든 성취를 유럽의 민족주의자들 그리고 우파 포퓰리스트에게 쉽사리 넘겨서는 안 된다. 누군가가 '우리가 국민이다!'라고 외칠 때마다 우리는 이에 반대하며 '우리는 유럽이다!'라고 목소리를 높여야 한다.

우리에게 필요한 것은 유럽을 위한 젊은 반란이다! 우리는 자신의 신념과 꿈을 갖고 유럽에서 살아갈 용기를 가진 사람들이 필요하다. 우리는 다양한 국가들이 연합한 유럽 공화국을 꿈꾼다. 유럽 공화국에서는 모든 사람이 유럽인인 동시에 각 국가의 시민이다. 언제, 어떤 조건이 되면 유럽 시민권을 신청할 수 있게 될까? 국경이 있는 국가의 국민이 아닌, 자신을 유럽인이라고 인식하며 유럽 여권을 내미는 날이 언젠가는 오지 않을까? 또 언젠가는 모든 사람이 기본 소득을 받는 날이 오지 않을까? 우리는 어떤 신념 때문에 거리를 행진하고 저항하게 될까? 어떤 미래 비전을 위해 오늘 이토록 고군분투하고 있는 걸까?

당신이 생각하는 가치가 무엇인지 목록을 작성하라!

- 언론의 자유
- 인권
- 동등한 권리
- 환경 보호
- 안전
- 학문
- 표현의 자유
- 계몽
- 관용
- 민주주의
- 정의
- 국제적 협력

내가 가장 중요하다고 생각하는 가치 세 가지는 무엇인가?

내가 생각하는 현재와 미래의 이상 사회는 어떤 모습인가?

추가하고 싶은 가치가 있는가?

내가 꿈꾸는 사회를 위해 할 수 있는 일이 무엇인가?

세계에서 더 많은 협력을 끌어내기 위해 내가 할 수 있는 사회적 기여는 무엇인가?

왜 우리는 가짜 뉴스에 더 끌릴까
뉴미디어 세대를 위한 자유와 권리, 소통의 철학 이야기

초판 1쇄 발행	2024년 9월 20일
지은이	외르크 베르나르디
옮긴이	이미옥
펴낸이	송영민
만든이	전진만, 심순영
꾸민이	DesignZoo 장광석
펴낸곳	시금치
주소	서울시 마포구 잔다리로7길 18, 5층
전화	02-725-9401
전송	0303-0959-9403
전자우편	7259401@naver.com
출판신고	제2019-000104호
ISBN	979-11-93086-15-5 43300

*책값은 뒤표지에 있습니다.